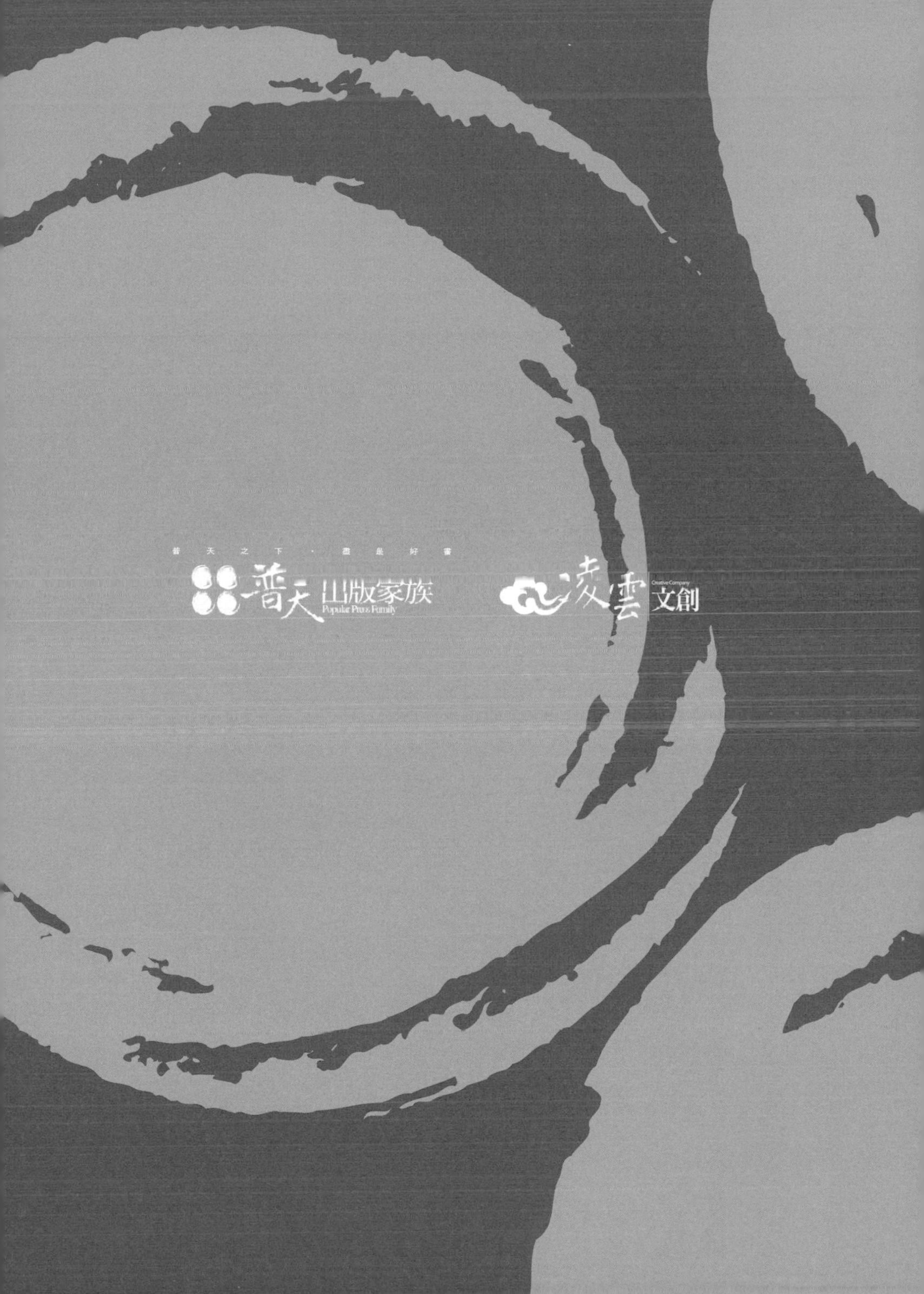
普天之下・盡是好書
普天出版家族
Popular Press Family
凌雲
Creative Company
文創

做人處處用心

你必須知道的做人做事潛智慧

做事處處留心

Be Human by Wisdom

Be Human by Wisdom

Thick Black Theory is a philosophical treatise written by Li Zongwu, a disgruntled politician and scholar born at the end of Qing dynasty. It was published in China in 1911, the year of the Xinhai revolution, when the Qing dynasty was overthrown.

斯賓諾莎曾說：

「一個不懂得用腦筋做事的濫好人，往往只會爲自己招來敵人，因此，許多時候，人不僅只是做好人就足夠，而是必須要求自己做個聰明的好人。」

確實，人生的陷阱無所不在，面對揮之不去的小人，以及讓人惱火的事情，「做人用心，做事留心」無疑是保護自己的處世智慧。千萬不要大剌剌地暴露自己的心思，也不要逞一時之快，替自己招來不可預測的災害。做人要處處用心，做事要處處留心，多一點心眼，才會多一分勝算，少一分危險。

Thick Black Theory is a philosophical treatise written by Li Zongwu, a disgruntled politician and scholar born at the end of Qing dynasty. It was published in China in 1911, the year of the Xinhai revolution, when the Qing dynasty was overthrown.

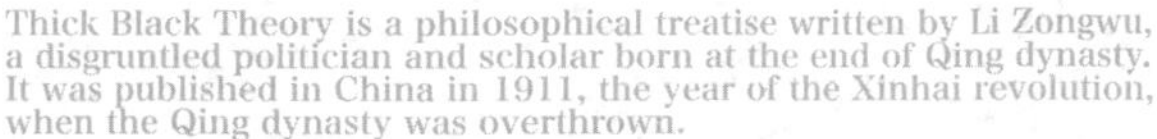

公孫先生 編著

【出版序】

做人要有心機，做事要有心計

不管做什麼事，一定要講究策略和技巧。如果你不願花點心思想想，非但無法順利達成目的，還會陷入各種無法預知的陷阱和困境之中。

出眾的才能，在許多人的眼中就有如閃亮的寶石，經常是價值連城的珍寶。不過，在這個世界上，也有許多很難用來換取實際利益的才能，究竟該如何利用它們，就得靠我們的聰明才智了。

英國作家赫胥黎曾經寫道：「人生最大的悲哀，就是純真的想法，往往被醜陋的事實扼殺。」

一個再有能力的人，也要具備一些心機，更要懂得把心機發揮在可以勝出的地

方，如果你不具備一些城府，說好聽一點的是「單純天真」，說難聽一點的就是「愚蠢無知」。

空有滿腹才華卻恃才傲物，讓自己寸步難行，或是不知如何運用智慧，讓才華發揮最大功效，最後都會成爲失敗者。

十六世紀初，有很多科學家都面臨著生活艱難的處境，義大利天文學家及數學家伽利略也不例外。

有時候，他會把自己的發現和發明當作禮物送給當時最重要的贊助者，從他們那裡得到資助從事研究。然而，不管發現多麼偉大，這些贊助人通常都是送他禮物，而不是贈與現金，因此他常常沒有安定的生活。

一六一〇年，他發現了木星周圍的四顆衛星。這一次，伽利略經過一番深思，把這個發現呈獻給麥迪西家族。

他在寇西默二世登基的同時宣佈，從望遠鏡中看見一顆明亮的星星——木星出現在夜空中。

伽利略表示，木星的衛星有四顆，代表了寇西默二世和其三個兄弟；而衛星環繞木星運行，就如同這四名兒子圍繞著王朝的創建者寇西默一世一樣。

將這項發現呈獻給麥迪西家族之後，伽利略委託他人製作一枚徽章——天神邱比特坐在雲端之上，四顆星星圍繞著他。伽利略將這枚徽章獻給寇西默二世，象徵他和天上所有星星的關係。

同年，寇西默二世任命伽利略為宮廷哲學家和數學家，並給予全薪。對一名科學家而言，這是伽利略人生中最輝煌的歲月，四處乞求贊助的日子終於成爲了歷史。

多花點心思，往往會讓自己找到更寬闊的出路。

在這個人人都想出人頭地的社會，掌握「做人靠智慧，做事靠謀略」法則，無疑是脫穎而出的先決條件。

用現代的眼光來看，伽利略的確是一名出色的科學家與天文學家，不但值得得到社會的敬重，本身所擁有的知識也是價值非凡的。

不過，在十七世紀的歐洲，人們還不明白科學的重要性，不知道伽利略的才能足以為世界帶來什麼樣的貢獻，因此，伽利略除了在科學上不斷努力之外，還必須想辦法用他的才能換取繼續研究的資金與動力。

許多有天分的人常常會恃才傲物，對於為人處世、進對應退，絲毫不懂得多加學習及運用，也因此常常過著孤寂窮困的生活。

這樣一來，其實最後吃虧的還是自己，因為沒有穩定的生活與從事研究或藝術工作所需的資金，多數人的才能就在「求生存和求溫飽」當中消磨殆盡，以至於無法盼到才華發光發熱的那一天。

不管做什麼事，一定要講究策略和技巧。如果你不願花點心思想想，老是直來直往，非但無法順利達成目的，還會陷入各種無法預知的陷阱和困境之中，使自己的人生充滿危機。

01. 不要執意和小人過不去

有不少人嫉惡如仇，不把身邊的小人放在眼裡，或者執意要與他們作對。這種做法其實是不智之舉，他們會對你展開反擊，而且這些反擊往往令人防不勝防。

02. 裝糊塗是駕馭小人的法寶

學會何時該裝糊塗是一種無價之寶，是你用之不竭的源泉，也是你駕馭小人，打開成功大門的神奇鑰匙。

03.

別繼續被小人唬弄

你必須儘快樹立自己的威信，才不會繼續處於如此不堪的窘境，繼而將這些惱人的小人，變成自己往上攀昇的貴人。

04.

別帶著有色眼鏡看人性

人性其實很簡單，你付出什麼，就會得到什麼。將「人性」複雜化，或貼上負面標籤，或者戴著有色的眼鏡去看「人性」，只會讓你得出負面的分析結果。

05. 讓部屬照亮你的人生之路

一個英明的領導者，不論什麼時候都不能忘記誠心誠意地對待你的部下，從而讓你的世界亮麗起來，因為，部屬可以照亮你的人生之路。

06. 小心小人背後放冷箭

職務越高，不應該太得意，因為這意味著你比其他人更危險！為了避免遭小人放暗箭，還是要收斂你的意氣風發，多一點含蓄，少一點喜形於色。

07. 摸清行為模式，才能和平共處

要想與上司「和平共處」，並把握住每一個晉升的機會，盲目的討好與謙和是無濟於事的，恃才傲物、頂撞上司更是不智之舉。

08. 要有傲骨，不要有傲氣

一直跪著走路的人，永遠都不可能成就大事業。千萬要記住人不可有傲氣，但不可無傲骨，這才是獲得升職的最佳方法。

09. 設法滿足別人的心理需求

滿足別人的心理需求，將會使你建立和諧的人際關係，使自己的晉升之路無限寬闊得多，因為你在滿足別人需求之後，也將獲得豐厚的回報。

10. 你的態度，左右你的未來

職場生涯要變成什麼模樣，自己要晉升到什麼位置，真正的掌控權其實操縱在自己的手中。千萬不要忘了，必須在腦海中提醒自己要有「進取精神」！

11. 職場像戰場一樣險惡

有人說職場如戰場，這是因為在職場，人與人之間充滿著高度競爭，一不小心，人際關係就會陷入險惡的境地，像作戰一樣必須拼個你死我活。

12. 對付小人的最高境界

爭奪利益之時，人心往往險詐得令人不敢相信，因此對他人的動作要有冷靜客觀的分析判斷。

13.

充滿信心才唬得了別人

唬人不過是個權宜之計，能及時充實自己才是上上之策，否則哪天被人拆穿了西洋鏡，可就糗大了。

01

不要執意和小人過不去

有不少人嫉惡如仇，不把身邊的小人放在眼裡，或者執意要與他們作對。這種做法其實是不智之舉，他們會對你展開反擊，而且這些反擊往往令人防不勝防。

「不念舊惡」才能獲得更多

身為一個領導者，一定要嚴以律己，寬以待人，以更寬闊的胸襟寬恕別人的過錯，如果你老是計較「一箭之仇」，只會淪為平庸之輩，很難有所作為。

在變動不羈的競爭環境中，聰明的人必須根據不同的情勢，採取相應的作戰方針，不管伸縮、進退，都應該進行客觀的評估，如此才能獲得勝利。千萬不要錯估形勢，讓自己一敗塗地。

春秋時期的大政治家管仲尚未發跡之前，曾經和他的好朋友鮑叔牙一起前往齊國謀求政治前途。到了齊國，鮑叔牙投靠齊襄公的弟弟公子小白，而管仲則投靠齊襄公的另一位弟弟公子糾。

齊襄公荒淫無道，公子小白和公子糾都生怕齊國發生內亂，自己無端受到牽連，於是小白便由鮑叔牙侍奉逃往莒國，公子糾則由管仲和召忽侍奉逃往魯國。不久，齊國果然爆發嚴重內亂，齊襄公被殺身亡。

消息傳出後，公子糾和公子小白都想搶先趕回到齊國登基為王。

公子糾為了達到目的，派管仲帶兵在中途攔殺小白。管仲發箭射中了小白的帶鉤，小白假裝被射死，反而搶先回到了齊國，被臣僚擁立為國君，就是後來赫赫有名的齊桓公。

魯國這時也派兵送公子糾回國繼位，齊桓公於是發兵打敗了魯國，並逼迫魯國殺了公子糾，召忽自殺身亡，管仲被囚送往齊國。

齊桓公原本想要殺掉管仲，以報一箭之仇，但是鮑叔牙極力舉薦管仲的才能，並且對齊桓公說：「管仲的治國能力遠遠超過我，我在許多方面都不如他。齊國要想強大起來，棄管仲而不用是不智之舉。」

鮑叔牙還說：「管仲之所以要殺你，只是忠於自己的上司而已。他能夠如此忠心於自己的上司，一定可以再忠心於你。如果能重用管仲，齊國一定能夠強盛起來。

希望你切莫錯過了這個奇才。」

於是，齊桓公親自將管仲從囚車中釋放出來，和他促膝長談竟達三日三夜，大有相見恨晚之憾。

隨即，齊桓公拜管仲為相，將治國的重責大任交給了他。

管仲的確有治國才能，經過幾年努力，終於輔佐齊桓公成就了空前霸業，使他成爲「春秋五霸」中第一位會盟諸侯的霸主。

西漢衰亡之後，外戚王莽建立了一個新政權——新朝。新朝年間，天下大亂，群雄競相逐鹿，屬於漢室後裔的劉秀也起兵漢水一帶。當時局勢混亂，勝敗難以逆料，劉秀的部下當中有人寫了密函，想要投靠其他角逐者。

不料，劉秀最後壓倒群雄，即位為漢光武帝，並搜獲了幾千封這樣的密函。事後，劉秀不但沒有拿這些信函作證據一一追查，誅殺這些吃裡扒外的內奸，反而下令全部燒毀。

這個舉動消除了部屬的疑慮和恐懼，增強了新政權的安定團結。那些「反臣賊子」們更是暗中感激涕零，誓死將功贖罪，報答不殺之恩。

《聖經》裡面有一句話頗能給我們一些啓發：「如果有人打你的左臉，那麼，你就將右臉伸過去讓他打。」

這句話不僅僅教人想要做大事就要有忍辱負重的涵養，更積極的意義是要有「不念舊惡」的氣度。

身爲一個領導者，一定要嚴以律己，寬以待人，以更寬闊的胸襟寬恕別人的過錯，如果你老是計較「一箭之仇」，只會淪爲平庸之輩，很難有所作爲。

「不念舊惡」才能獲得更多。齊桓公和劉秀就是最好的典範，如果他們一味計較舊日的恩怨和部屬吃裡扒外的行徑，就不可能開創曠世的功業。

敵意可以一點一點化解

我們應該積極地去化解彼此之間的矛盾，而不是將矛盾嫌隙激化到你死我活的地步。敵意是一點一點增加的，自然可以一點一點地化解。

唐朝開國名將李靖，在隋煬帝時代曾經擔任郡丞。當時，他發現李淵有圖謀天下、問鼎中原的意圖，便親自馳往京城，要向隋煬帝檢舉揭發，不料卻被李淵捕獲。

正當李淵要將李靖處死之時，李世民久聞李靖頗有膽識才幹，是不可多得的人才，於是出面保他一命。後來，李靖效忠李世民馳騁沙場，立下許多輝煌功勞，並且協助他開創唐朝盛世。

唐太宗重用的名臣魏徵，原本是太子李建成的謀臣。魏徵曾鼓動李建成伺機殺掉李世民，李建成猶豫不決，最後反被李世民襲殺。

玄武門之變以後，唐太宗李世民登上帝位。他雖然將哥哥建成和弟弟元吉都處死，但卻赦免了他們的智囊人物，魏徵就是其中一位。

李世民不計舊怨，量才重用，使得魏徵「喜逢知己之主，竭其力用」，從而輔佐唐太宗締造了唐朝的貞觀盛世。

人與人之間或許有不共戴天之仇，但在一個團體或一家公司裡，一般不至於會有如此深仇大恨。大家畢竟都是同事，爲了一個共同目的而聚在一起。從某方面來說，這也是一種緣分，沒有必要將辦公室內的人際關係搞得很糟，而且這樣做的往往只會落得兩敗俱傷，對自己並沒有太大好處。

因此，我們應該積極地去化解彼此之間的矛盾，而不是將矛盾嫌隙激化到你死我活的地步。敵意是一點一點增加的，自然可以一點一點地化解。

與你關係惡化的同事，或許心底裡對你十分不滿，不但對你態度冷峻，有時甚至你跟他說話，他都擺出一副不理不睬的態度。可是仔細想想，自己究竟在什麼地方得罪了他，恐怕連你自己也搞不大懂。

如果你實在按捺不住，不妨索性開門見山地問問對方：「究竟我有什麼得罪你的地方呢？」

假使對方回答：「你沒有得罪我。」你應該乘機說：「眞高興你親口對我說沒有。如果我有什麼不妥的地方，我樂於改正。」

如此這般，既給對方一個台階下，也可讓他面對現實並表態。如果你把話挑明，他還繼續搞對抗或「冷戰」，那麼，你就把他當成不值一顧的小人物，犯不著跟他嘔氣。

擁抱敵人才是大贏家

能當眾擁抱敵人，是站在主動的地位，會使對方處於「接招」、「應戰」的被動姿勢。如果對方不能「擁抱」你，那麼他將得到「心胸狹隘」之類的評語。

如何化敵爲友，是一門高深的學問。

如果你曾爲了爭取某個職位而和敵對的一方互不相讓，不管最後誰獲得這個職位，事過境遷之後繼續保持敵對狀態，是極不明智的行爲。

爲了某個職務，條件相當的兩個同事之間彼此激烈競爭，可以說是稀鬆平常的事，事後，大家應該彼此諒解，沒必要花費太多少時間和精力去計較。

如果不能理智地對待已經過去的舊事，提不起放不下，胸中積怨太深，一味要

和對方過不去，結果只會毀掉自己。

當你處心積慮與對方周旋的時候，往往會發生「鷸蚌相爭，漁翁得利」的結局。應該提醒自己，有許多藏在暗處的敵人正笑瞇瞇地隔山觀虎鬥呢！

因此，遵守競爭的遊戲規則——既聯合又競爭，競爭過後不留痕跡，這才是最有理智又不失風度的做法。

有的人際心理學學者曾這樣說：「能當眾擁抱敵人的人，是站在主動的地位。採取主動的人能制人而不受制於人。你採取主動，既迷惑了對方，使對方搞不清你對他的態度，也迷惑了第三者，使他搞不清你跟對方到底是敵是友，甚至可能會以為你們已經化敵為友；可是，是敵是友，只有你心裡才明白。」

你的主動會使對方處於「接招」、「應戰」的被動姿勢。如果對方不能「擁抱」你，那麼他將得到「心胸狹隘」之類的評語，一經比較，你與他兩人的器量立即有了差別。

所以，當眾擁抱你的敵人，無論從哪方面來看，你都是贏家！

不要執意和小人過不去

有不少人嫉惡如仇，不把身邊的小人放在眼裡，或者執意要與他們作對。這種做法是不智之舉，他們會對你展開反擊，而且這些反擊往往令人防不勝防。

在詭譎多變的人性叢林中求生存，聰明的人在考慮問題、制定謀略的時候，一定要兼顧利與害這兩個方面。

既要充分考慮到有利的方面，同時也要考慮到不利的一面，保持清醒的頭腦，才不會衍生不必要的後遺症。

郭子儀是唐朝中興名臣，也是平定安史之亂的卓越將領。有一次，當朝權臣盧杞前來拜訪正病臥在床的郭子儀。

盧杞是中國歷史上有名的奸詐小人，相貌奇醜無比，臉型寬短，鼻子扁平，兩個鼻孔朝天，眼睛小如綠豆，時人甚至戲稱他為「現世活鬼」，一般婦女看到他都忍俊不住發笑。

郭子儀一聽到門人來報之後，急忙命令侍奉左右的妻妾趕快退回後房迴避。

盧杞走後，姬妾女侍們又回到郭子儀病榻前，問他說：「朝廷許多官員都來探望過你，可是你從來沒有叫我們迴避。為什麼盧中丞來了，你卻急著要讓我們都躲起來呢？」

郭子儀微笑著答道：「妳們有所不知，這位盧中丞不但相貌奇醜，而且內心十分險詐。妳們看到他一定會忍不住失聲發笑。那麼，他一定會忌恨在心，萬一此人以後掌權，我們可就要遭殃了。」

郭子儀確實有知人之明，他能識出盧杞的陰險惡毒，雖然自己位及將相，也不敢得罪這個小人。

有不少人嫉惡如仇，不把身邊的小人放在眼裡，或者執意要與他們作對。這種

做法其實是不智之舉，很可能把事情搞得更糟。

這麼做，固然可以表現你的正義剛直，但在人性的叢林裡，這並不是明哲保身之道，反而突出了你的正義是不切實際的。

你的正義凜然會更加暴露這些小人的無恥、不義，爲了自保和掩飾，他們會對你展開反擊，而且這些反擊往往令人防不勝防。

也許，你並不怕他們伺機報復，也許他們根本奈何不了你，但是你必須知道，小人之所以爲小人，是因爲他們始終躲在暗處，使用的始終是卑鄙下流的手段，而且不會輕易罷手。

看看歷史的斑斑血跡吧，有幾個忠良抵擋得過奸臣的陷害呢？

千萬不要和小人結仇

陰狠歹毒的小人，現實生活中到處都是，常常因為你不知不覺間得罪了他們而懷恨在心，伺機興風作浪將你吞噬。

善於作戰的人，總是能夠運用計謀，抓住敵人的弱點發動攻勢，用不著大費周章就可輕而易舉地取勝。善於心理作戰的人，總是會運用一些我們忽略的方法，讓自己獲得想要的好處。

唐德宗時期的宰相盧杞是個奸詐陰險的小人，不少人都吃過他的虧。他的祖父是唐玄宗時的丞相盧懷慎，以忠正廉潔著稱，從不以權謀私，深受朝野敬重，他的父親盧奕也是一位忠烈之士。

盧杞平時一副生活簡樸的模樣，穿著很樸素，飲食也不講究，人們都以為他頗有父祖之風。但是，盧杞善於揣摩人意，工於心計，而且言行十分恭謹，容易取得別人的信任，正應了「大奸似忠」這句話。

盧杞靠著左右逢源的本領，很快就由一個普通官員爬上了丞相的寶座。

盧杞當上丞相之後，與其他奸臣一樣，當務之急就是鞏固自己的權位，想盡辦法打擊異己。

當時，與盧杞同朝為相的楊炎，是個有名的理財能手。他提出的著名「兩稅法」在中國賦稅史上具有里程碑的意義，也適時緩解了當時中央政府的財政困難。史學家曾評論說：「後來言財利者，皆莫能及之」。

楊炎長得上一表人才，而且博學多識，頗有政才。然而，他雖有宰相之才，卻無宰相應有的智慧，也不懂「做人處處用心，做事處處留心」的道理，尤其是在處理同僚關係上，經常恃才傲物，目中無人，嫉惡如仇。對盧杞這樣的小人，他既不放在眼裡，也缺乏一個政治家應有的圓融和世故。

唐朝有個制度，就是幾位丞相每天要在政事堂一起同餐一次，叫做會食。楊炎因為瞧不起盧杞，多次藉故推辭。每次上朝後都推說自己身體不好，獨自到別處休息，不願與盧杞一起共商國事。

如此一來，盧杞對於蔑視自己的楊炎更是忌恨有加，欲除之而後快，從此二人積怨越來越深。

盧杞深知不但不是科班出身，而且相貌醜陋，不是楊炎的對手，所以只能極盡阿諛奉承之能事，並逐漸取得了唐德宗的信任。

不久，機會終於來到了。節度使梁崇義背叛朝廷，拒不受命。唐德宗便命淮西節度使李希烈帶兵討伐。

然而，楊炎不同意重用李希烈，認為此人反覆無常，因此極力諫阻，唐德宗聽了甚是不高興。

李希烈最後還是受命掌握兵權，討伐梁崇義。但當他掌握兵權之後，正好碰上連日陰雨，行軍速度遲緩。

唐德宗是個急性子，就命人傳盧杞上朝商議。盧杞見機會已到，就順勢向皇上

進言說道：「李希烈之所以徘徊拖延，主要是因為楊炎掌權，心有疑慮。皇上又何必為一個楊炎而耽誤了大事呢？不如暫時免去楊炎的丞相職位，使李希烈不再心有顧忌，如此一來，他就會竭盡全力為朝廷效力了。事情過後再起用楊炎，相信楊炎會體諒皇上的苦衷。」

唐德宗竟認為盧杞的話有理，聽信了他的話，免去了楊炎的的丞相之職。就這樣，楊炎因為不願與小人同桌就餐，而莫名其妙地丟掉了相位。

但是，事情至此尚不能消解盧杞心中的怨恨。不久之後，盧杞又進讒言，害死了被貶的楊炎。

盧杞向唐德宗上奏，詭稱楊炎建家廟的地點，正是開元年間宰相蕭嵩準備立廟的地方。當年玄宗皇帝曾到此巡遊，看到該處王氣很盛，就讓蕭嵩將家廟改建到別的地方。如今楊炎又在此處修建家廟，必是居心叵測，因為被貶降而想要謀反。

盧杞聲稱，近日來，長安城內到處謠言四起，說：「因為此處有帝王之氣，所以楊炎要據為己有，這必定是有當帝王的野心，再明白不過了。」

昏庸的唐德宗聽之後，也不問事情真假，便勃然大怒下令縊殺楊炎。就這樣，盧杞借皇上之手，幹掉了自己的一個強敵。

像盧杞這樣陰狠歹毒的小人，現實生活中到處都是，常常因爲你不知不覺間得罪了他們而懷恨在心，伺機興風作浪將你吞噬。作爲一個領導者，應時時提防這類小人暗中破壞做亂，否則你不僅做不好工作，自己的前途也可能毀在他們的手中。

「不與小人結仇」，這是每個領導者都不能不記取的警世之言，除非你甘願讓自己的前途佈滿坎坷！

沒事不要亂發牢騷

「心直口快」的人，就好比是三國時期的魏國大將許褚，脫光衣服上戰場，最後必然身上中滿了飛箭。

想要在現實生活中持盈保泰，必須冷靜而心思細膩，如此才能培養深謀遠慮的智慧，像狡兔一樣預做應變措施。

千萬不要大剌剌地暴露自己的心思，也不要自以爲高人一等而逞口舌之快，免得招來無妄之災。

中國自古以來就是一個口舌是非多得出奇的國度。

遠在秦始皇時期，有些讀書人只不過茶餘飯後窮極無聊說點閒話，秦始皇就勃

然大怒，將這些儒生全都活埋了，連這些儒生所讀的竹簡也全部燒毀了。

繼秦始皇的「焚書坑儒」之後，中國人，尤其是讀書人幾乎是戰戰兢兢地活了兩千年。即便是藏頭縮尾忍氣吞聲，還是免不了一不留神被抓住話柄，惹出株連九族之類的滔天大禍。

清代有個知名的學者戴名世，有一天因為在竹林裡看書看得累了，順口說出既像感歎又像是詩的兩句：「清風不識字，何故亂翻書。」

其實，他的意思很簡單，只是指自己在竹蔭下看書，惱人的秋風卻不知趣地不斷把他手中的書翻來吹去。豈料，他卻因此惹下大禍，被別有居心的小人誣指他有「反清」思想，最後，戴名世被處極刑、滿門抄斬，而且還波及門生故舊，受到牽連的人眾多。

又有一個叫呂留良的讀書人，因為在生前的著述中對於滿清入關之後大肆屠殺漢人有不滿言論，去世幾十年之後，還有人翻出他那些發黃的著作，拿到朝廷裡去邀功請賞。

皇帝看了之後勃然大怒，喝令拿他來問罪。

屬下回答說：「這個人早已去世了。」

但是，皇帝連死人也放過他，於是下令將他「剖棺戮屍」，將呂留良的棺木從墳中挖了出來，再把他的屍骨拖出來鞭屍戮首。不僅如此，他的兒子、孫子和以前的門生……等十族也都遭到殺戮。

在中國文化大革命期間，因爲隨口說了一兩句話而被整死的人也不計其數，由此可知「禍從口出」是如何可怕。

既可笑又可悲的一件事是，河南南陽有一個叫南菅的小村，村裡有個五十歲左右的老頭。這個老頭的工作是餵生產隊裡的豬隻。有一次，一頭母豬下了十隻小豬，長得煞是可愛。這個老頭子不知哪根筋不對勁，竟然脫口說道：「哇，長得跟十大元帥一樣！」

那還得了，將十頭豬說成是十大元帥，這不是侮辱國家領導人嗎？於是，有人大做文章，對老頭大肆批鬥。可憐的老頭渾身長嘴也說不清，不堪折磨之餘，某天夜晚上吊自殺了。

在那個年代，想一死了之也沒有那麼簡單。老頭人雖然裝進了棺材，可是批鬥的人還不放過，還要開現場批鬥會，還要在棺材上貼上大字報。

封建社會裡的文字獄與中國文化大革命的荒誕情事或許一去不返，但是活在現代社會，我們還是得要愼防禍從口出。

千萬要記住自古流傳的諺語：「話到嘴邊留半句」、「逢人只說三分話，不可全交一片心」、「知人知面不知心」、「害人之心不可有，防人之心不可無」……等等。

那些「知無不言，言無不盡」的人，可能還常常以自己「心直口快」、「從來不繞彎子」自詡。作爲一般人倒也無多大妨害，但作爲領導者卻是個大忌，它足以令你前功盡棄，中箭落馬。

「心直口快」的人，就好比是三國時期的魏國大將許褚，脫光衣服上戰場，最後必然身上中滿了飛箭。

不要曝露自己的秘密武器

一個人如果過於直白，實際是自我暴露，是把自己的一切翻出來給你的對手看，使你的對手在未來的爭鬥中一槍便打準你的要害。

人際應變智慧的精髓在於隱藏自己的心思，使別人無法識破自己的眞正意圖，遇到危機更要懂得借力使力，爲自己謀得更有力的契機。

《孫子兵法》上說：「不知彼不知己，百戰百殆；知己而不知彼，一戰一殆；知彼知己，百戰不殆。」

毫無疑問，這個原則對作戰的雙方來說都適用。

對自己和對方的情況一無所知，肯定沒有取勝的可能；只瞭解自己的情況而不瞭解對手的情況，那麼勝負的或然率為五十％；對雙方的情況瞭如指掌，那才有取得勝利的把握，才能百戰不殆。

一個人如果不懂「做人處處用心，做事處處留心」的道理，言行過於直白，實際是自我暴露，是把自己的一切翻出來給你的對手看，使你的對手在未來的爭鬥中一槍便打準你的要害。

如果說話含蓄一點，模糊一些，那麼對手就會感到你莫測高深，不知道你的所思所想，不知道你的秘密武器，更不知道你的要害所在。唯有這樣，才有可能置對手於不利位置。

概括地說，「逢人只說三分話」至少有以下幾點好處：

1. 使對手無法知道你的真實想法；
2. 使對方在對你的攻擊中無從下手；
3. 迫使對方只能處於守勢；使你的出擊居於主動。

以上所講的只是謹防禍從口出，這與「縱是實話也虛說」在道理上是一樣的，只不過「縱是實話也虛說」相對地講具有某種攻擊性的意味。

因爲它不單單是要求自己不要暴露自己的心思，而且要更進一層，要用「實話虛說」給對方製造混亂，向對方施放煙霧彈，從而達到使對方不知所措，從而迷失的目的。

如果用《孫子兵法》上的說法叫做「亂兵引勝」，就是使對方發生混亂，以致將已經到手的勝利也丟失得無影無蹤。

逢人只講三分話是守，實話虛說則傾向於攻。

只有攻守兼備才是制勝的唯一途徑。

想辦法打發身邊的小人

小人再可怕，難道還會比「年」更可怕嗎？所以，我們盡可以想出辦法像送「年」一樣，將小人們從自己的身邊打發走，而且讓他們高高興興地走。

孔子曾經說過「敬鬼神而遠之」，在日常生活中，我們則必須懂得「抬頭做人，低頭做事」的道理，「敬小人而遠之」。

其實，小人有點類似「小鬼」，你是絕對纏不起的，只能設法打發。原因很簡單，因爲你有太多的事情要做，而小人只有一件事要做——那就是破壞、搗蛋。

名雜文家柏楊曾在《醜陋的中國人》一書中說：「一個日本人是一條蟲，三個日本人是一條龍；一個中國人是一條龍，三個中國人是一條蟲。」

他形容說，一般而言，日本人在外頭做事，如果一對一地與中國人做對手，絕不是中國人的對手。

不過，日本人容易擰成一股繩，單獨的日本人雖然敵不過單獨的中國人，但三個日本人湊在一起，往往合作無間，於是就由三條蟲變成了一條龍了。

他又說，單獨的中國人很能幹，是一條猛龍，但是如果三個中國人湊在一起，保證會出問題。

因爲他們一定會相互搗鬼，相互扯後腿，相互勾鬥得一場糊塗，所以，即使是三條龍也變成了三條蟲。

這就是柏楊所說的中國人的劣根性。

有人曾說：「小人搖唇鼓舌，可以積毀銷骨，可以眾口鑠金。小人略施小技，可以飛沙走石，可以遮天蔽日。」

人生道路上的小人太多了，幾乎摩肩接踵，切莫去招惹他們，你只能選擇「敬鬼神而遠之」，就像傳說中古代人對付會吃人的怪物「年」一樣。

據說，很久很久以前，中國有種動物叫做「年」，每到臘月三十日晚上都要出來吃人，老百姓敵他不過，又拿他毫無辦法，於是，大家只好在臘月三十晚上奉獻出許多好吃的食物，恭恭敬敬地擺設，好讓「年」酒足飯飽，從此以後，「年」就不再有吃人的行為。

這種辦法十分靈驗，於是大家每到這天都如此照做，「年」也照舊出來吃飯飲酒之後離去。

「年」那麼猙獰可怕，但還是被聰明的中國人給馴服了，儘管用的是弱者的辦法。小人再可怕，難道還會比「年」更可怕嗎？

所以，我們盡可以想出辦法像送「年」一樣，將小人們從自己的身邊打發走，而且讓他們高高興興地走。

只有把這些事做完之後，你才可以真正鬆一口氣。

這才是對待小人的正確方法：敬小人而遠之。

微笑是最有效的行銷

一張真誠而迷人的笑臉，遠勝過滔滔不絕的言語，而且更能觸動人的內心深處。微笑是國際語言，是人與人之間最好的開始。

有時候，你的成功就隱藏在一些微不足道的小地方。無論是你的衣著打扮、舉手投足，甚至只是淺淺的一個笑容，也有某種你想像不到的魔力。

傑克原本是職棒的明星球員，但因為手骨脫臼，只好被迫提前退休。除了棒球之外一無所長的他，為了謀求生計，只好到一家保險公司應徵業務員。傑克原本以為，以他的高知名度，肯定會被保險公司高薪錄取，不料人事經理卻說：「我在你身上看不見業務員所需要的特質，我想你還是考慮別的行業吧！」

傑克被潑了一盆冷水，失望之餘，仍不死心地追問：「什麼才是業務員所需要的特質呢？」

「一張迷人的笑臉。」人事經理回答。

傑克並沒有因此放棄，他每天在家裡苦練笑臉，放聲大笑一百次，連附近的鄰居都懷疑他因為失業而導致精神失常。

等到傑克覺得自己有一點進步了，便再度前往保險公司應徵一次，沒想到經理卻只搖了搖頭，請傑克回家繼續練習。

這段日子，傑克練習得更認真了，沒多久，他再次去見經理，經理卻只抬頭看了他一眼，冷淡地說：「你的笑容根本不是發自內心的。」

傑克仍然不肯放棄，天天對著鏡子練習，尋找哪一種才是發自內心的微笑。直到有一天，他在街上看到一個坐在推車裡的嬰孩，朝他湛然一笑，那種天真無邪的笑容，令人不自覺地回他一笑，他終於明白，只有像嬰兒般真摯燦爛的笑容，才是最能打動人心的。

傑克終於練成了一張迷人的笑臉，這張笑臉使得他無往不利，賺進了千萬年薪。

著名的哲人拉羅什富科曾說：「感情永遠是最有說服力的演說家，它是一種自然的藝術，它的魅力是所向無敵的；頭腦簡單而面帶感情的人，比沒有感情的雄辯家更具說服力。」

一張真誠而迷人的笑臉，遠勝過滔滔不絕的言語，而且更能觸動人的內心深處。微笑是國際語言，超越種族、階級間的藩籬，是人與人之間最好的開始。

再怎麼其貌不揚的人，只要發自內心的微笑，一張臉也會變得明亮起來，比任何整容技術都來得有效。

不要吝嗇你的微笑，笑容是人際交往的無價之寶，比任何有形的物質更加難能可貴。

02

裝糊塗是駕馭小人的法寶

學會何時該裝糊塗是一種無價之寶，是你用之不竭的源泉，也是你駕馭小人，打開成功大門的神奇鑰匙。

認錯不會降低自己的威信

唐太宗並沒有因為承認錯誤而損害了自己的威信，相反的，成為流芳千古的曠世明君。在他主政之下，出現了中國歷史上極少有的太平盛世——貞觀之治。

開創貞觀盛世的唐太宗，是一位勇於接受別人意見和批評的皇帝。有一天，唐太宗問宰相魏徵：「爲什麼歷史上的君主，有的明智，有的昏聵？」

魏徵回答說：「能聽取各方面的不同意見，就是賢明的君主；只聽信一方面的意見，就是昏庸的君主。例如，隋煬帝就是昏君，因爲他不願聽到有人造反的消息，佞臣虞世基就投其所好，隱匿實情不報，結果導致國破人亡。」

唐太宗聽了這番話後頗爲認同，於是廣納各方建言。

還有一次，唐太宗對大臣們說：「隋煬帝這個人學問淵博，也知道堯、舜賢明，桀、紂昏暴，可是爲什麼他自己還是那麼昏庸呢？」

魏徵回答說：「想成爲一個好皇帝，光靠天賦聰明和學識淵博是不夠的，還得應虛心納諫，彌補自己的不足之處。隋煬帝自以爲才智甚高，目中無人，誰的話也不願聽，所以他說的是和堯舜一樣聰明的話，做的卻是桀紂那樣愚蠢的事，因而自取滅亡。」

唐太宗聽了，深覺有理，感歎道：「前世之事，後世之師。」

唐太宗也確實接受了魏徵的不少諫言，改正自己的一些過失，甚至有時行事，一想到魏徵的批評就會改變做法。

有一次，唐太宗準備出巡，吩咐屬下必須準備好豪華車馬與儀杖陣隊，後來卻突然改變主意，取消了出巡事宜。

魏徵問他是何緣故，唐太宗不好意思地說：「唉，我只是想到你一定又要批評我張揚、奢侈，所以取消了這次出巡。」

唐太宗說完，與魏徵兩人四目對視，不禁哈哈大笑起來。

唐太宗並沒有因爲承認錯誤而損害了自己的威信，相反的，虛心納諫卻使他成爲流芳千古的曠世明君。在他主政之下，出現了中國歷史上極少有的太平盛世——貞觀之治。

事情往往就是這樣，當我們刻意去追尋某種東西的時候，可能無功而返，但如果換一種方式，則可能輕而易舉地得到。

生活的辯證法，有時候和愛因斯坦的相對論是差不多的。譬如，有的人想要建立威信，用盡辦法卻無法達成，但是，有時候放下身段承認自己的缺失和短處，反而會讓大家感到敬重。

像唐太宗這樣位高權重的帝王都能虛心檢討自己，一個人做到「該認錯時就認錯」，又算得了什麼苛求呢？

要有勇於認錯的氣度

唐太宗與魏徵之間的故事之所以成為千古佳話，原因在於，唐太宗身為至高無上的封建皇帝，為了使自己成為一代明君，能做到勇於認錯，善於納諫。

唐朝貞觀年間天下太平，時日一久，唐太宗就漸漸奢侈起來，於是魏徵的意見就越來越多。

有時候，唐太宗聽得不是滋味，就拉下臉來，但魏徵彷彿視而不見，照樣據理力爭，讓唐太宗下不了台。

有一次，在早朝的時候，魏徵與唐太宗為了某件事爭得面紅耳赤。唐太宗顧及自己的形象，勉強忍著沒有當場發作，但是，一回到內殿，便氣沖沖地大罵：「總有一天，我要把魏徵這個可惡的傢伙殺掉！」

長孫皇后問他為何此氣憤，唐太宗回答說：「這個傢伙總是當著文武百官的面羞辱我，我實在忍無可忍。」

長孫皇后聽了之後不發一語，隨即轉身進了內室，不一會兒，穿了一套朝覲的正式衣服，一走出來就對唐太宗跪拜祝賀。

唐太宗不知她葫蘆裡賣什麼藥，便問她究竟是幹什麼。

長孫皇后答道：「我聽說，只有在英明天子的統治下，才會有正直無畏的大臣。如今有魏徵這樣直言不諱的大臣，不正說明了陛下的英明嗎？所以，我應該祝賀你才是。」

長孫皇后的一番話使唐太宗清醒了許多。從此他非但不再忌恨魏徵，反而勉勵他以後要多提意見，要繼續揭短。

後來，魏徵年事已高，又體弱多病，要求辭官返鄉，唐太宗堅決不同意，並對他說：「金屬摻在破石中就毫無用處，只有將它冶煉出來才能做成器具。我怎能讓你告老辭職呢？」

魏徵病逝之後，唐太宗十分傷心，在朝廷上歎息著對列位大臣說：「一個人以銅爲鏡，可以端正自己的衣冠與行爲舉止；以歷史爲鏡，可以明白歷代興亡的原因；以人爲鏡，可以知道自己行爲的是與非。我曾經擁有這三面鏡子，時時對照，以儘量減少自己犯錯。現在，魏徵去世了，朕喪失了一面好鏡子。」

唐太宗還要求群臣效法魏徵，認爲有不妥之處，一定要發出諫言。

唐太宗與魏徵之間的故事之所以成爲千古佳話，原因正在於，唐太宗身爲一個至高無上的封建皇帝，爲了使自己成爲一代明君，能做到勇於認錯，善於納諫，對後代領導者的啓迪和教育方面，發揮跨越時空的影響力。

發生誤會，要以正確的態度對待

在重大問題上產生了誤會，最好和當事人當面協商解釋；至於一些雞毛蒜皮、繁雜瑣碎的問題，則不必面面俱到。

春秋時期的名相管仲曾說：「聖人擇可言而後言，擇可行而後行。」眞正聰明睿智的人，最大的特點就是，只要看到事物的外貌，就能夠運用智慧去理解它的本質，並且用最適當的方法去面對。因此，他們總是可以找到最合適的語言，貼切地表達自己心中的意念，然後達到自己想要的目標。

很多人都讀過魯迅的短篇小說《祝福》，故事的主角是一個非常悲慘的農村婦女——祥林嫂。

有一天，祥林嫂在沒有防備的情況下，導致唯一的兒子阿毛被狼叼走了。當時，阿毛在走廊上幫她剝豆，失蹤之後，滿村的人都出動幫忙她找尋，結果在深山的灌木叢裡找到阿毛的一隻鞋，這才知道阿毛是被狼吃掉了。

從此之後，祥林嫂戀子心切，精神幾乎失常。她怎麼也不能忘記使她心碎的那一幕幕情景，於是，她逢人就反反覆覆地說：「我眞傻，我眞傻，我眞不該讓他一個人在外邊的走廊上剝豆。當我出來一看，孩子怎麼不見了？我開始不大留意，以爲他跑到什麼地方玩去了，可過了很久也不見他回來。我這下才覺得事情不對，於是就央求村裡的人幫我找。找到傍晚的時候，有人在深山的草叢裡發現了阿毛的一隻鞋。大家都說：糟了，怕是遭了狼了。從此，我的阿毛再也沒有回來。唉，我眞傻……」

就這樣，講述這個悲慘的故事，幾乎成了祥林嫂唯一的精神寄託和生活內容。剛開始，大家都同情她的遭遇，當她講這段經過的時候，大家都陪著她，那些慈言善目的老太太甚至還會陪著她一齊掉眼淚。

可是日子一久，大家都聽厭了，見了祥林嫂都避而遠之，想辦法儘快逃走。所以，只要她一開口說：「唉，我眞傻。」別人就會趕緊搶過話頭說：「是啊，妳不該讓妳的兒子一個人在走廊剝豆。」然後，趕緊逃走。

這個故事給我們的啓示是，無論什麼事情講多了、講久了大家都會生厭，甚至會對你產生反感。祥林嫂的兒子被狼吃了，可以說悲慘至極，但講久了大家也會麻木，不但難以激起憐憫之心，反而會讓人感到厭煩。

所以說，作爲領導者一定要把握好分寸，既要和部下溝通、解釋，甚至承認錯誤，但千萬不可有損人格和尊嚴之舉。

和下屬之間發生了誤會，要以正確的態度對待。一般來講，在重大的原則性問題上產生了誤會，最好和當事人當面協商解釋；至於一些雞毛蒜皮、繁雜瑣碎的問題，則不必面面俱到。

因爲，如果每件事都去解釋，既不可能，也沒有必要，同時還會讓人覺得你過於謙卑，甚至留下無能的印象。這對樹立自己的權威是極爲不利的。

裝糊塗是駕馭小人的法寶

學會何時該裝糊塗是一種無價之寶，是你用之不竭的源泉，也是你駕馭小人，打開成功大門的神奇鑰匙。

不管做任何事，事先都要有周密的計劃和盤算，充分估量利弊得失之後，才有可能取得寶貴的勝利。

想要獲勝，就要掌握並活用人性的弱點。如果對方貪圖眼前利益，那就用利益引誘他；如果對方實力堅強，那就要加倍防範他；如果對方勢力十分強大，那就要設法避開他。

身為領導者，為了維護集體或個人的權威及威信，面對身邊小人的作為，有時

不妨裝裝糊塗。

但是，這只是一種手段，絕不是意味著要求自己去做一個懵懵懂懂的糊塗蟲，或一個不辨是非黑白的濫好人，而是展現出大智若愚而又高深莫測的感覺，讓小人對你又敬又畏。

領導者能做到這種程度，才堪稱領導統御高手，既要深具內涵而又懂得處世的手腕，如此，權威和尊嚴才會油然而生，散發出不可侵奪的氣勢。

學會何時該裝糊塗是一種無價之寶，是你用之不竭的源泉，也是你駕馭小人，打開成功大門的神奇鑰匙。

不論在工作上或者處理事情的時候，只有講究方法、策略，才會讓你事半功倍，不至於疲於奔命。

身為領導者，如果像三姑六婆一樣喋喋不休，見什麼講什麼，見什麼管什麼，最後就會像魯迅短篇小說中祥林嫂講述她兒子被狼吃掉的故事一樣，下屬不但麻木了，而且內心也會厭煩反感，還談什麼樹立威信呢？

什麼都要管，連雞毛蒜皮的事也不放過，這種人是最差勁的領導者。因為，太多事例告訴我們，什麼都要管，往往就什麼都管不好；想要面面俱到，結果是連基本面都難以顧到。

英明的領導者只管大事、大方向，其餘的應該放手讓部下去做。如果你不懂得抓要害、定大局，就可能因小失大，撿了芝麻而丟了西瓜，致使自己被身邊的小人唬弄，忙得焦頭爛額卻一無所獲。

當然，這並不是說要一味地放縱部下去胡作非為、盲目亂搞，而是不要在無關緊要的細節上面浪費自己的時間和精力。

你在意的是人才，還是雞蛋？

許多人常常幹出拘泥於「兩個雞蛋」而放棄人才的蠢事，在處理日常工作和人際關係的時候，不妨寬容一些，大度一些。

相傳子思住在衛國的時候，曾經向衛王推薦苟變。

他對衛王說：「苟變的才能足以率領五百輛戰車，不妨任命他為軍隊的統帥。如果得到這個人，就可以天下無敵。」

衛王猶豫了一下，說道：「我知道苟變的才能足以成為統帥，但是他以前當過地方小吏，去老百姓家收賦稅時，吃過人家兩個雞蛋。這個人操守有瑕疵，實在不宜重用。」

子思聽了又好氣又好笑，分析利弊得失說：「聖明的國君在選擇人才時，就像

木工挑選材料一樣，重點是用它可以用的部分，捨棄不可用的部分，所以像杞樹、梓樹之類的材質，有的縱使已經腐爛了，高明的木匠並不會因此而扔掉它，因爲它有用的部分最後還可以做成精美的器具。現在是兵荒馬亂的時期，更應該選取可堪利用的人才。如果只因爲執著兩個雞蛋就捨棄可以爲衛國所用的將才，這種蠢事絕對不可讓鄰國知道，否則一定淪爲笑柄！」

衛王聽了這番分析之後，覺得頗有道理，於是改變心意，便聽從子思的薦舉，重用苟變爲大將軍。

要不是衛王還有這麼一點智慧和肚量，能夠虛心納諫，就會因爲兩個雞蛋而喪失一個不可多得的軍事統帥，而衛國的命運就將以另外一種面貌出現在春秋時期的歷史上。

事實上，許多人在用人的時候，常常幹出拘泥於「兩個雞蛋」而放棄人才的蠢事，只是程度略有不同罷了。

作爲領導者，尤其是掌握大權的領導者，在處理日常工作和人際關係的時候，

不妨寬容一些，大度一些，「糊塗」一些。

有容人的肚量，才會理解一個人的優缺點；理解如何善用他的優點之後，彼此才能進行有效的溝通，塡平橫阻在眼前的各種鴻溝，拉近彼此之間的距離。

如此一來，領導者在衆人心中的威望，自然而然就會提高許多，威信自然就建立了。而且對於部屬來說，也會由於獲得任用而心生感激，把你交付的任務當成自己應該肩負的使命來做。一旦自己的工作做得不好，就會於心有愧，更加認眞努力研究如何將工作做到盡善盡美。

設法把小人變成自己的貴人

在這個小人到處充斥的社會，其實小人並不可怕，怕就怕你不懂得善用小人對你有幫助的一面，將他變成自己生命中的貴人。

身為領導者不能感情用事，用人之時也不能讓本身的好惡左右，一切以符合團體利益為準則。因為，惱怒之後可以轉怒為喜，怨恨之後也可以轉恨為悅，但團體滅亡了就沒有東山再起的可能了。

明朝開國元勛劉伯溫所著的《郁離子》裡面，有這樣一個貓與老鼠的故事。

趙國有戶人家鼠災成患，於是就去中山國向人討了一隻貓。

中山國的人給他的這隻貓很會抓老鼠，但也喜歡偷雞吃。過了一段時間，趙國

人家中的老鼠被這隻貓捉光了，但是雞隻也全部被牠咬死了。

他的兒子就問他說：「為什麼不把這隻貓趕走呢？」

這個趙國人回答說：「這你就不懂了，我們家最大的禍患在於老鼠成災，而不在於沒有雞。老鼠專門偷吃我們家的糧食，咬壞我們的衣服，鑽通我們的牆壁，毀壞我們家裡的器具，我們就得挨餓受凍，難以生存下去。沒有了雞，頂多不吃雞蛋雞肉，趕走了貓，我們連生存都成了問題，既是如此，為什麼要將貓趕走呢？」

這個趙國人是個明智、有頭腦的人，他深知貓所帶來的好處遠遠超過牠所造成的損失，所以並不主張將貓趕走。

日常生活中或工作場合裡，確有不少像中山貓那樣的小人。如果我們只盯住他們某方面的毛病或弱點，而以偏概全，或者將他們掃地出門，那麼環顧左右，你將找不到可用的人才，而成爲一個沒有兵士隨行的光桿司令，當然無法成就一番大事。

《郁離子》的這篇故事教導我們，要做大事，就需要綜觀全局，衡量利弊得失，但是要了解要害所在，千萬不可糾纏在小事之中，把自己搞得心亂如麻，因爲心一

旦混亂，就絕難在工作上或競爭中獲勝。

美國作家霍伊曾說：「一個有利用價值的小人，抵得過兩個以上的普通朋友。」在這個小人到處充斥的社會，其實小人並不可怕，怕就怕你不懂得善用小人對你有幫助的一面，將他變成自己生命中的貴人。

從用人角度來說，聰明的領導者要懂得適時大膽起用「中山貓」，只要設法將自己的「雞」關好就行了。

何必見了小人就退避三舍

不管你喜歡也好，不喜歡也好，小人就像揮之不去的蒼蠅一樣客觀地存在著，不會因為你的意志而消失。

只有聰明的人才懂得如何與身邊的小人和平共處，甚至將他們轉換成自己邁向成功的助力。

人際關係學其實就是教你駕馭人性、操縱人心的高深學問，訓練你行走社會而一路暢通無阻的本領，傳授給你發奮生存的實用而簡捷的戰術法則。

有一位研究社會關係的心理學家曾經這樣說過：

——官運亨通的玄機在於善用關係。

——懷才不遇的根源在於藐視關係。

——小人得志的秘訣在於玩弄關係。

必須特別指出的是，有一些人過於自以爲是，對人際關係學存有太深的負面曲解和誤解，以爲「搞關係」就是旁門左道，爲正人君子所不齒，所謂人際關係學，更是登不了大雅之堂的「狗肉宴」，無非是教些小人慣用的伎倆，不是什麼光明正大的學問。

其實，這種想法是嚴重錯誤的，所謂「關係」是指的人與人之間的交往和聯繫，懂得處理好人際關係，尤其是和小人之間的關係，就等於擁有一本用智慧護一生的「人性護照」。

不管你喜歡也好，不喜歡也好，小人就像揮之不去的蒼蠅一樣客觀地存在著，不會因爲你的意志而消失。

如果我們否認或忽視這種客觀存在的社會現實，就變成了唯心主義者，和古代那個掩耳盜鈴的笨賊一樣。

當然，這種負面的觀感也並非全無根據，或者是空穴來風。的確，現今社會上有一些人把關係學唸歪了，有的唸得面目全非，有的甚至走火入魔，變成不折不扣的小人。

他們不是在研究人際關係的客觀規律和基本內容，而是從中去尋找奸詐、卑劣的害人伎倆。然而，這只是因爲他們本身就心術不正，與研究客觀存在的人際關係學，並沒有什麼必然聯繫。

不分青紅皀白，「洗澡之後連盆裡的嬰兒都一同潑掉」，因爲吃果凍噎死過人就要求大家都不要再吃；因爲一朝被蛇咬，就十年怕井繩，從理論上來，這種行爲都是錯誤可笑，也十分愚蠢的。

掌握每個出人頭地的契機

當你擁有亮麗的工作成績之後，就要經常在擁有決定升遷實權的上司面前大量曝光，這是職場上快速升遷的一個重要策略。

你正費盡心思想要找到自己的跳板，成爲職場中的佼佼者嗎？

其實，只要懂得在上司面前巧妙地展現自己的才華，留下漂亮的成績，並不著痕跡地接觸決定性的關鍵人物，這樣你自然就容易獲得加薪或得到升遷的機會。

在競爭激烈的職場中，每個上班族都想比別人早一步出人頭地。不過，只有眞正聰明的人才知道，操之過急的行徑會給上司留下汲汲於鑽營職位的壞印象，不利於下個階段的爬升。

懂得運籌帷幄的人，會掌握出人頭地的最佳機會，巧妙地展現自己的才華，把決定性的關鍵人物當成一個個跳板，以達到不斷升遷的終極目的。

想得到升遷機會的人，首先必須擁有實際的工作成績，然後設法讓這些成績替自己說話。

例如，證明是因爲你的策劃、建議和努力，替公司省下一大筆不必要的開銷，或者由於你絞盡腦汁才解決了大家頭痛的難題。

總之，凡是你參與過的工作都要留下記錄，當然，這些洋洋灑灑的成績裡還要包括你受過哪些嘉獎和讚譽。

當你擁有亮麗的工作成績之後，就要經常在擁有決定升遷實權的上司面前大量曝光，讓他牢牢記住你的傑出表現。

你也可以多在上司面前製造一些讓他印象深刻的事蹟，這是你在職場上快速升遷的一個重要策略。

此外，公司內部所召開的大小會議和舉辦的各項活動，也都是你嶄露頭角的大

好機會，只要肯花心思動動腦筋，一定有辦法使上司對你的能力和工作績效留下良好印象，如此一來，你的前途將會一片光明燦爛。

最重要是，你必須有承擔重要工作的能力，讓公司認爲你是不可或缺的人才。如果你手上握有重要的客戶或是機密可靠的資訊管道，這樣你便具備舉足輕重的地位，公司自然認爲別人都無法與你相比。

當然，到了這個階段，公司自然而然便會對你器重有加，透過升遷或加薪的方式來籠絡你，以免你過河拆橋，另謀高職。

03 別繼續被小人唬弄

你必須儘快樹立自己的威信，才不會繼續處於如此不堪的窘境，繼而將這些惱人的小人，變成自己往上攀昇的貴人。

別繼續被小人唬弄

你必須儘快樹立自己的威信，才不會繼續處於如此不堪的窘境，繼而將這些惱人的小人，變成自己往上攀昇的貴人。

古代善於行軍作戰的將領，總是不會錯過任何打敗敵人的良機，遇到強大的敵人也不會坐以待斃，而是發揮自己的應變智慧，想辦法全身而退。

打仗如此，商業競爭如此，工作場合也是如此，想要獲得輝煌的勝利，就必須活用智慧，看準有利的機會迅速出手。

《戰國策》裡記載著一則「狐假虎威」的故事，描述狐狸憑著機智而逃過虎口，值得我們深思。

有一天，老虎在樹林裡遇見一隻狐狸，便張牙舞爪想要將牠吃掉。誰知，狐狸卻毫無懼色地叱喝說：「大膽！百獸都懼怕我三分，奉我為王。不信的話，你跟我走一趟……」

這雖然是一個古老的寓言，但是，從不同的角度來看，狐狸不啻是專門唬弄別人的小人，類似的小人「狐假虎威」情節也常常發生在我們生活周遭。

爲什麼身爲百獸之王的老虎會被狐狸的言行迷惑？

這是因爲，牠尚未確立自己的威信，對自己缺乏信心。

俗話說，無信不立，無威不行。

「立」，通俗地講就是爲人處世，或者說在現實社會中立足；「行」則是指威信所發揮的影響力，或者說在現實社會中行走。

同爲飛禽，百鳥卻要朝鳳；同爲走獸，百獸卻要畏懼老虎。這就是威信所發揮的懾人力量。

過去，中國內陸頗爲流行的一句順口溜這麼說：「村看村，戶看戶，群眾看的是幹部。」

群衆看幹部，看重的是什麼呢？簡單地說，威與信而已。如果領導幹部缺乏威信，那麼他就會成爲民衆唬弄的對象。

或許會有人如是認爲：「只要我有權就會有錢，只要有錢有權就會有勢，有權有錢有勢就會有威信。」

這是謬誤的想法。遙想當年秦始皇權傾天下，不能說無權無勢，然而人人欲得而誅之，其威何在呢？

戰爭狂人希特勒橫行之日何其威猛，鐵蹄踏遍整個歐洲，並妄想獨霸世界。然而，末日來臨之時卻落得舉槍自盡的悲慘下場，最後與他的狗和情婦死成一堆，其威又何在呢？

義大利總理墨索里尼，戰爭結束後被義大利人絞死，並且將他的屍體像拖死狗一樣在街上拖來拖去。他生前何其威風，死後卻遺臭萬年，至今讓人想起來都怵目驚心，又何威之有呢？

再者，有些小人一沾上權力的邊緣，就成天耀武揚威，盛氣凌人，不可一世，整日對部屬頤指氣使，呼來喝去。部屬當著他的面俯首貼耳、唯唯諾諾，背後卻罵聲連連，只要有拆台、扯後腿的機會，一定不會放過。這種一時得志的小人，又有什麼威信可言？

如果，你自認是正人君子，但是，你的部屬卻天天在背後咒罵你，甚至公然在辦公室跟你吵架，你的頂頭上司又天天「釘」你，那麼，這就表示你還配不上目前的職位，所以才會被身邊的小人欺弄。

你必須儘快展現自己的才能，樹立自己的威信，才不會繼續處於如此不堪的窘境，繼而將這些惱人的小人，變成自己往上攀昇的貴人。

設法讓小人對你又敬又畏

唯有讓你的屬下對你又敬又畏，你才能順利指揮他們，把他們當成向上躍昇的跳板。

只是勇敢而沒有機智，就像一把沒有準星的槍，而沒有智慧的頭腦，就像沒有蠟燭的燈籠，因此，一個熟諳人性心理的人，通常不會用蠻力去挑戰對手最強的地方，而是會用智力去攻擊對手最弱的部位。

善於作戰的人，總是能夠運用計謀，抓住敵人的弱點發動攻勢，用不著大費周章就可輕而易舉地取勝。

有一部電影裡頭有一段靠著露出「絕活」而樹威的情節。

一位長相清秀的年輕女警官到一個人才濟濟的警察局擔任督察，男警員們見了她，都面露鄙夷不屑的表情，而且有意無意地在言行之間吃她「豆腐」。

這位女警官初到陌生的警局，面對這些喜歡「揩油」的小人只能忍氣吞聲，不過，她很快地利用機會扳回劣勢。

在一次射擊訓練中，她展露精準的槍法，把那些男性同事們都給「鎮」了。

射擊訓練中，每個人依序各擊十個飄浮氣球，男性警官中成績最好的一位才擊中五個，有的甚至一槍未中。

輪到這位女警官射擊時，她泰然自若地從腰間拔槍，「叭，叭，叭……」連發十槍，槍槍命中，頓時全場鴉雀無聲，只有氣球的碎片在面前飛舞。

這種景象正是「此時無聲勝有聲」。從此以後，大家都對她敬畏有加，不敢再有輕薄造次的行爲。

很多人認爲，當一個領導者只要有修養和內涵，就可以不注重如何在部屬面前表現自己的才能。

也有的人認為，身為一個上班族，只要踏踏實實地做事，老老實實做好自己的分內工作就夠了。

殊不知，這種厚道的想法只會使別人將你看成無能的人。

心理學家告訴我們，在很多時候，位居領導地位的人，威信往往是經由「旁門左道」而樹立起來的。一個人初來乍到某個新地方，往往就是樹立自己威信，讓小人服服貼貼的最關鍵時刻。

如果你能像故事中的女警官，適時露出幾手自己拿手的絕活，別人對你的觀感和態度就會立即改變，很多難題也會迎刃而解。

記住，唯有讓你的屬下對你又敬又畏，你才能順利指揮他們，把他們當成向上躍昇的跳板。

對付小人要懂得「裝腔作勢」

「絕活」有助於樹立自己的威信。從理論上來看，一個人身懷絕技，又懂得適時運用的人，才是最聰明睿智的。

和敵人鬥智鬥力的時候，發現敵人有可乘之隙，必須立即乘虛而入，而不要洩漏本身的意圖和行動，要打破常規，根據敵情決定作戰方案。

在爾虞我詐的現實環境中，必須根據多變的局勢，採取不同的應對策略，不管前進後退，都進行一番客觀評估，如此才能獲得最後勝利。錯估形勢的結果，只會讓自己一敗塗地。

老王在某家上市公司擔任副總經理職務。

有一次，他對朋友大發牢騷說，替他開車的司機小李，常常藉口說車子這裡有毛病、那裡有毛病，經常找各種理由把車開去修理保養，每回都拿一疊帳單要他簽字報銷。

他明知道其中有蹊蹺，可又苦於不懂機械，抓不住把柄，而且又不能將他解雇，因為小李是他上司的小舅子。

這位朋友就告訴老王說，這種事其實很好解決，只要略施小計就可以一勞永逸。於是，老王就照著朋友告訴他的主意去做。

第二天，他悄悄地將一塊小石頭塞進汽車發動機的縫隙中。小李將車發動開出不久，老王隨即皺了皺眉頭說：「小李，你停車下去檢查看看，發動機的聲音好像有點不太正常。」

小李仔細一聽，車子行進間確實有細微的異聲，於是下車察看。小李費了一番功夫才發現發動機裡有一塊小石頭，連忙對老王說：「唉呀，原來是一塊小石子夾在發動機的縫裡，我真不小心。」

老王輕描淡寫地說：「以後小心點就是了。」

後來，老王對這位朋友說，這一招真是靈驗，小李以為他對車子的零件和運動原理瞭如指掌，甚至連他察覺不了的細微毛病都知道，從此以後再也沒聽小李說要修車了。

當然，這個例子可能不太貼切，因爲故事中的老王只是「裝腔作勢」，其實他根本不懂機械。

不過，這個故事告訴我們——略施小計就能發揮如此功效，那麼，擁有一手絕活，豈不就更能確立你的權威！

因此，你必須記住，「絕活」有助於樹立自己的威信。從理論上來看，一個人身懷絕技，又懂得適時運用的人，才是最聰明睿智的，縱使這種絕活與你所從事的職業並不一定有所關連。

活用自己的絕技壓倒小人

人必須苦心練就一兩手「絕活」，有時它會成為一種很有殺傷力的防禦武器和攻擊武器。

日常生活中不時出現這種不歡而散的場景，有的人下棋互不相讓，到最後惱羞成怒，彼此惡言相向。很多人不禁感到納悶：不過是下盤棋罷了，為什麼要把場面搞得這麼僵？

其實，問題就出在這是一種深層的心理反應。

贏家可能在潛意識中認為自己的智力勝過對方，因而表現出目空一切的態度。至於輸家則認為自己遭到挫敗，無疑暴露了自己的心理和智力弱點，因而感到自己的人格在某種程度上受到對手戕害，靈魂有種被撕裂的感覺。

因此，人必須苦心練就一兩手「絕活」，有時它會成爲一種很有殺傷力的防禦武器和攻擊武器。

小趙是某黨的工作會主委，以牌技爐火純青聞名。

曾經有朋友問他，為何要花那麼多的時間和精力去鑽研牌技。他神秘兮兮地回答說：「這你就不懂了，你看我好像是在研究牌技，其實，我研究的是對付小人的方法。」

每當有部屬故意扯後腿，或者別人做了不利於自己的事，他都會找適當的藉口約他們打牌。而且，牌局結束時，他都會從容自若地將牌桌上發生過的事，一五一十地指出來。

他能說出在第幾輪誰出什麼牌，這張牌對以後牌局產生什麼影響。聽者訝異之餘，往往倒抽一口涼氣：「他居然有如此驚人的記憶力，那我所做的一些見不得人的事，他不就記得一清二楚！」

小趙不無得意地對朋友說：「這就是武器，就是撒手鐧。可以挫挫小人的銳氣，助長自己的氣焰。」

「你看我好像是在研究牌技，其實，我研究的是對付小人的方法。」小趙的這番話確實發人省思。

如果我們都能從這個角度，來看待自己所擁有的「絕活」，我們所受益的，可能要比我們想像的要多得多。

因爲，這些「絕活」就是建立威信、鎭服小人的最佳武器。

威信就好比是七彩的陽光，它會使你的世界變得寬敞、明亮。

如果它變得暗淡的時候，你連同你的世界都將變得虛無。

別當喜歡拈花惹草的小人

有人說女人是天使，又有人說女人是惡魔，其實，天使和惡魔都是你自己。千萬不要貪圖一時的快活，而毀了一輩子。

不可否認的，許多男人受到獸性慾念的左右，見到稍有姿色的女人，總是露出色瞇瞇的眼光，一有機會就想吃女人豆腐。

這也難怪女性主義者會強調，性騷擾是男性的劣根性，也是在街頭或工作場所，對女性發動的「恐怖行動」。

小人最常見的特徵之一就是稍有成就之後就開始四處拈花惹草。這種不良習性一旦被競爭對手察知後，往往會落得身敗名裂的下場。

某市的財政局局長才剛三十出頭，算得上平步青雲了。可是，官運亨通之餘，就放鬆了對自己的要求，經不起燈紅酒綠和豐乳肥臀的誘惑，最後和一名歡場女子「好」上了，明目張膽地搞桃色交易。

有一次，他竟然將車停在路邊，迫不及待地放下椅背，和這名女子在車上行雲施雨起來。豈知，整個過程被對手派出跟監已久的「狗仔隊」拍錄了下來，刊登在八卦周刊上。

事發之後，這個局長變成了一隻落水狗，新聞媒體炒作之下，他被開除官職，老婆和他離了婚，而那個曾經與他山盟海誓的歡場女子則消失得無影無蹤，真是「竹籃打水一場空」、「賠了夫人又折兵」。

這種喜歡拈花惹草的小人，不管表面上裝得多麼道貌岸然，對外刻意塑造什麼清新形象，東窗事發後，民眾心中必然嗤之以鼻，以後不管從事什麼工作，再也沒有威望可言了。

當然，並不是所有「常在水邊走」的人都會栽這麼大的觔斗，很多人只是「小

試身手」，但這對確立自身的威信來說卻是大忌，也是極爲不利的，因爲，夜路走多了，總有一天會碰到「鬼」。

列寧曾經這樣說過：「那些圍著女人的石榴裙子轉的人，不可能是一個堅強的革命者，他們往往容易叛賣變節。」

這話眞是一針見血，入木三分。

有人說女人是天使，又有人說女人是惡魔，其實，天使和惡魔都是你自己，全看你用什麼態度去看待兩性關係。千萬不要當個喜歡拈花惹草的小人，爲了貪圖一時的快活，而毀了一輩子。

不要見了美眉就忘了自己是誰

有一種人，見了女人骨頭就會發癢，滿臉堆著意淫的笑容，說起話來輕聲細語、毛手毛腳，簡直忘記了自己的人格。

法國文豪巴爾札克在《人間喜劇》裡寫道：「別對男人的品格抱持過高的希望，他給妳造成的痛苦，也許比他帶來的歡樂還要多。」

因爲，大多數男人所謂的喜歡或是欣賞，其實都只是過度誇張的情慾，渴望得到的，只不過是女人的軀體。

即使是再愚蠢再醜陋的男人，想要引誘女人的時候，也會裝腔作勢地向女人誇耀自己有多麼了不起的成就。

其實，男人的眞實企圖，就表現在他們的生理反應上。

民國時期的四川軍閥楊森，曾經接二連三地娶了十二個老婆，爲了掩飾自己的好色，他常常對部下解釋說：「唉，我就是喜歡和年輕人在一起嘛。」只不過，他所說的「年輕人」是專指女性而已，對於年輕的男性，他可沒興趣。很多人爲了掩飾自己性好漁色，也常常說出類似楊森的藉口。

有的人耐不住寂寞，專找年輕漂亮的「美眉」當秘書，以爲讓她隨侍左右，自己就感到派頭十足，神氣昂揚。

有的人則是不分場合、對象，甚至在辦公室也肆無忌憚地大開黃腔，大談特談自己的風流韻史，甚至開些極其淫穢下流的玩笑，對女同事進行性騷擾。

有的則在自己的房間和辦公室的牆上貼滿豐乳肥臀，或在辦公桌的玻璃下壓著一些性感女郎，滿足自己的性幻想。

更有一種小人，見了女人骨頭就會發癢，滿臉堆著意淫的笑容，說起話來輕聲細語、毛手毛腳，簡直忘記了自己的人格，而見了男性下屬則是另一種表情，眼睛朝天，一臉高傲。

或許，你會認爲，以上所列舉的都不是什麼大不了的事，但是，你必須了解，你給上司及部屬留下的印象卻是這樣的——你是一個貪圖美色的小人，所做的一切都是爲了女色，包括你拚命地工作，也只是爲了往上爬了之後，能夠得到更多更美的女人。

的確，這是一個極爲可怕的推論，但無論這種推論多麼粗糙，多麼荒誕，它都向我們展示著桃色炸彈的威力。這種炸彈在有心人引爆下，絕對可以把你燒成一陣飛灰，化成一灘污水。

適時認錯，會有意想不到的效果

無意中犯了錯誤，只要坦誠認錯，很容易得到別人的諒解，無損自己的威信。相反的，欺上瞞下的做法遲早都會敗露，搞得你狼狽不堪，下不了台。

適時原諒犯錯的小人，在最關鍵的時刻，他們就有可能變成自己生命中的貴人。

春秋戰國時期的秦穆公，是一個勇於認錯的國君。

有一次，他的一匹可以日行千里的良駒跑去了，被一群不知情的窮百姓逮住，並殺掉吃了。

當地官員得知後大驚失色，深怕秦穆公氣憤之餘怪罪到自己頭上，連忙將分食過馬肉的三百人都抓起來，準備統統處死。

秦穆公聽到稟報後說：「不能因為一頭牲畜而害死這麼多人。」於是，他將被拘禁的百姓全數釋放，並且誠心向他們致歉，說自己管教不力，才差點讓地方官鑄成處決三百條人命的大禍。

後來，晉國發兵大舉入侵，秦穆公率領軍隊抵抗，這時有三百勇士主動請纓參戰，原來，他們正是被秦穆公釋放的三百壯士。

很多領導者認爲，自己的威信只能立不能挫。

這種想法相當程度誤解了威信的意義，以致於把立威立信誤認爲護短、諉過，自己做錯了事就想盡辦法欺上瞞下，既不肯低頭虛心認錯、檢討，又不接受別人的批評、建議。

這種領導人的特性是，凡事只能說他好，不能說他壞；只能報喜，不能報憂。然而，這與掩耳盜鈴有什麼區別呢？

古代有個笨賊，因爲害怕自己在行竊時主人家中的警鈴會發出響聲，所以想了一個自以爲相當絕妙的辦法——把自己的耳朵堵起來，這樣就聽不到鈴聲了。結果，

主人還是抓住了他。

原因就在於，他雖然堵住了自己的耳朵，卻無法堵住別人的耳朵。

在大街上不小心冒犯了別人，只要輕輕說聲對不起，就會皆大歡喜；如果舌頭懶得動一下，就可能演變成一場街頭血戰。

同樣的道理，無意中犯了錯誤，只要低下頭坦誠認錯，很容易得到別人的諒解，並能贏得大家的信任，更無損自己的威信，有時還會像秦穆公一樣，發揮意想不到的效果。

相反的，那種自作聰明、欺上瞞下的做法遲早都會敗露，而且一旦敗露，即使是很小的事情也會搞得你狼狽不堪，下不了台。

這種情形，就是古諺所說的「偷雞不成反蝕米」、「聰明反被聰明誤」。

別當個盲目的牆頭草

廣納雅言固然是好事，但是更重要的，是培養出自我的價值判斷，不被其他的傳言所惑，才能在濁流中看清楚真相。

同樣的一件事，由不同的人來看，就會產生不同的解讀。話在別人嘴上，公道自在人心。每個人的心中都有一把尺，因此，何必對別人的說法耿耿於懷呢？

著名的國畫家俞仲林先生，最著名的就是他筆下的牡丹花，只要他大筆一揮，畫出來的牡丹一朵朵栩栩如生，而且儀態萬千，充滿了富貴吉祥的氣氛。

一次，有個人慕名而來，高價買了一幅俞大師親手繪製的牡丹花，並且非常得

意地把它懸掛在大廳裡。

來家裡拜訪他的朋友無不對此津津樂道，紛紛稱讚牡丹花的筆法巧妙，畫工精湛，大廳裡擺上這麼一幅畫，真可說是錦上添花，主人每次聽了，自然喜上眉梢，笑得合不攏嘴。

誰知才沒過幾天，一個懂畫的朋友來到家裡，看到這幅牡丹花非但沒有驚為天人，反而搖了搖頭，唉聲嘆氣地說：「這幅畫畫得雖好，卻不吉利，你看，畫中的牡丹沒畫全，少了一個邊，牡丹代表富貴，這下子豈不成了『富貴不全』嗎？」

主人聽了氣急敗壞，心裡暗暗罵道：「在大廳裡擺幅畫就是為了討個好兆頭，如果意味著不吉祥，那麼這幅畫怎麼還能要呢？大師雖然是大師，下筆也未免太不小心了！」

於是，他把畫拿回去，希望俞大師重畫一幅，以表示負責。

俞仲林聽了他的說明，沒有流露半點不悅的臉色，只笑了笑說：「你沒看懂這畫中有話呢！牡丹代表富貴，少了一個邊，表示『富貴無邊』，還有什麼比這個更吉利的呢？」

這個人聽了之後，總算放下了心上的一塊大石頭，於是，高高興興地又把畫給捧回家去了。

連小小的一朵牡丹花，也可以解讀成兩種意思，更何況所有大大小小、紛紛擾擾的人與事？如果只會一味地聽信別人的意見，那麼十個人有十種不同的意見，豈不是得一變再變，煩不勝煩？

大部分的人，都是隨波逐流的庸碌之輩，哪兒風大往哪兒倒，別人怎麼說，口碑怎麼傳，就決定跟著怎麼做。

廣納雅言固然是好事，但是更重要的，是培養出自我的價值判斷，不被其他的傳言所惑，才能在濁流中看清楚眞相。

04

別帶著有色眼鏡看人性

人性其實很簡單，你付出什麼，就會得到什麼。將「人性」複雜化，或貼上負面標籤，或者戴著有色的眼鏡去看「人性」，只會讓你得出負面的分析結果。

別帶著有色眼鏡看人性

人性其實很簡單，你付出什麼，就會得到什麼。將「人性」複雜化，或貼上負面標籤，或者戴著有色的眼鏡去看「人性」，只會讓你得出負面的分析結果。

有許多身居高位的大人物，會細心記住一些小職員或只見過一兩次面的下屬的名字，在電梯或門口碰到時，從容叫出他們的名字。如果你肯下這樣的功夫，一定會讓下屬受寵若驚。

人非草木，孰能無情。大部分人都講究人情味，喜歡「將心比心」，因此，你想要別人怎樣對待你自己，你自己就得先怎樣對待別人。這也就是「同理心」或「易位思考」，即設身處地爲別人著想。

經營自己的人際網路時，只有先付出誠摯的眞情，才會獲得投桃報李的回應。

日本著名的企業家松下幸之助就是一個相當注重感情投資的人。他曾說過：「最失敗的領導，就是那種員工一看到你，就像魚一樣逃開的領導。」

在辛辛苦苦創業的早期，松下幸之助每次看見辛勤工作的員工，都會親身送上一杯自己泡的茶，並且充滿感激地對他說：「太感謝你了，你太辛苦了，請喝杯茶水吧！」

正因爲在這些小事方面，松下幸之助都不忘記表達對下屬的感激和關懷，因而獲得了員工們一致擁戴，心甘情願地爲他效力，設身處地爲他著想。

人性其實很簡單，你付出什麼，就會得到什麼。將「人性」複雜化，或貼上負面標籤，或者戴著有色的眼鏡去看「人性」，只會讓你得出負面的分析結果，替自己的工作和生活帶來一些不良影響。

不管現今的社會如何現實，有時候，誠懇親切地對待同事或下屬，仍然可以輕而易舉地解決你長期以來都感到棘手的問題。

譬如，你以命令的語氣要員工去做某件分外的事情，他或許會找各種理由推託，或者婉轉地要你找別人做，甚至「大義凜然」地以這不是自己分內工作而拒絕，讓你當場難堪不已。但是，如果你誠懇地說一聲：「請你幫個忙，好嗎？」問題就有可能迎刃而解。

誠懇親切的態度會傳達出人類與生俱來的，或許是潛意識裡面的認同感。那是一種彼此珍視的共鳴，或者可以說是對「人性」——人不同於其他物種的特性的一種呼喚。

忘恩負義會使你眾叛親離

有一些領導者偏偏要學「好寒鳥」的行徑，犯下自大愚蠢的錯誤，最後落得眾叛親離，甚至被轟下台。

很久很久以前，有一隻「好寒鳥」身上的羽毛掉光了。時值隆冬，她被嚴寒的天氣凍得直打哆嗦，其他的鳥兒見她十分可憐，惻隱之心不禁油然而生，紛紛前來幫助她。

每一隻小鳥都從自己的身上拔下一支羽毛送給她，不久之後，「好寒鳥」身上裝滿了五顏六色的羽毛，變得十分光鮮艷麗。

可是，「好寒鳥」並不心存感激，反而越來越驕傲起來，甚至開始瞧不起其他的鳥類，認為自己是世界上最漂亮的小鳥。

大家對「好寒鳥」忘恩負義的行徑氣憤至極，於是大家商議之後，決定把自己送給「好寒鳥」的羽毛要回來。

結果，「好寒鳥」又恢復一無所有的模樣，瑟縮在寒風裡打顫發抖，最後終於被寒風凍死在荒野。

「好寒鳥」的故事告誡我們，領導人在處理人際關係的時候，一定要時時刻刻記住「水可載舟，也可覆舟」的道理。因爲，你的下屬可以是你獲得績效的力量來源，也可以是推翻你的直接動力。

「好寒鳥」的寓言雖然大家都知道，但是，在實際生活中和職場上，還是有一些領導者偏偏要學「好寒鳥」的行徑，犯下自大愚蠢的錯誤，最後落得衆叛親離，甚至被轟下台。

領導者在處理自己與下屬的人際關係時，一定要妥善運用衆人的力量，讓所有的人團結在自己領導下，發揮團隊合作的精神。

我們不妨來看看加拿大雁的例子。

加拿大雁深知分工合作的價值，牠們經常以「V」字隊形飛行，而且「V」字的一邊總是比另外一邊長一些。加拿大雁定期變更領導者，即領頭雁，因爲帶頭的加拿大雁在前頭開路，能幫助左右兩邊的雁造成局部的真空，這是一件艱苦的任務，因此必須輪流更替。

科學家曾在風洞試驗中發現，成群的加拿大雁以「V」字形飛行，比一隻單獨飛行可以多飛二十%的距離。

人類其實也是一樣的，領導者只要能處理好人際關係，跟下屬通力合作，往往能飛得更高更遠。

合作可以讓你走得更久

幫助別人往上爬的人，會爬得最高。如果你能幫助其他人獲得他想要的東西，你也會得到你想要的東西。

身爲領導者，進行決策時不能因爲驕傲而貪功躁進；進攻不是爲了尋求個人的功名，撤退也不要怕擔當罪責，一切都應該符合群體的根本利益。只有具備這樣的素質，才是一個卓越的領導者。

有時候，只要懂得合作的好處，儘管自己吃點虧，但卻可以征服自己想要的版圖，取得空前勝利。

哈特瑞爾．威爾森是一位國際知名的演說家，說話生動幽默。有一回，他在演

說時曾提及自己小時候發生的一件趣事。

小時候，哈特瑞爾．威爾森什在東德克薩斯州的某個小鎮，有一次，他跟其他兩個小孩在一段廢棄的鐵軌上面邊走邊玩。

另外兩個小孩子，一個身材瘦小，另一個則是個胖子，他們三個人相互競爭，看誰能在鐵軌上走得最遠。

哈特瑞爾跟那個較瘦的男孩走了幾步就跌了下來，較胖的那個卻走得很遠。最後，在好奇心驅使下，哈特瑞爾便問那位胖男孩：「你為什麼可以走那麼遠，到底有什麼秘訣？」

那位胖男孩搔搔頭回答說，哈特瑞爾跟那位瘦孩走在鐵軌時，只顧著看自己的腳，所以很快跌了下來。

然後他又解釋，因為他太胖了，看不到自己的腳，只能選擇鐵軌上遠處的一個目標，並朝這個目標走去，當接近目標時，再選擇另一個目標，然後不斷地走向新的目標。

這個小故事乍聽之下，似乎是在勉勵我們，不管做什麼事情，只要設定目標，小心翼翼地朝這個目標前進，便能順利抵達終點。

其實，這個故事的另外一個要點是說明合作的可貴，如果哈特瑞爾跟他的朋友能夠在兩條鐵軌上手拉手地一起走，他們不但可以走得比那個胖子遠，而且能不停地走下去，而不至於跌下來。

喬治馬修．阿丹曾說：「幫助別人往上爬的人，會爬得最高。」

如果你能幫助其他人獲得他想要的東西，你也會得到你想要的東西。而且這種關係是成正比的，你幫助得越多，得到的就越多。

把今天的敵人當成明天的朋友

領導者要扮演好「和事佬」的角色，前提是必須要有公正客觀，明辨是非曲折，而且也不必去刻意討好每一個人。

西班作家格拉西安曾經這麼說：「聰明人從小人那裡，比傻瓜從朋友那兒能獲得更多的好處。」

其實，聰明的小人比無知的朋友更具價值，因此，你必須將今天還是敵人的小人，當成明天的朋友來看待。

處理人與人之間的複雜關係，有時候就像行軍作戰，千萬不要心存僥倖，而要依靠自己自己的應變智慧，不管任何時候、任何情況都要做好充分準備，才不致讓陰險的小人有隙可乘。

必須訴諸武力之時，必須衡量敵人的實力，能打就打，不能打就要避開正面交戰，設法使用計謀讓對方鬆懈，再伺機行事。

人是一切社會關係的總和，任何人都不可能置身於社會關係之外。然而，人與人之間的關係又往往是矛盾的，有積極的一面，也有消極的一面；有好的一面，也有壞的一面；有團結協作的一面，也有對立和牽制的一面。

因此，一個領導者的基本才能，應該是充分發揮和調動屬下的團結合作精神，盡可能消除內部鬥爭所產生的「內耗」。

一個拙劣的領導者在處理這些盤根錯節的人際關係時，往往感到束手無策，甚至愈理愈亂，最終搞成一團亂麻，致使自己掌管的部門失去凝聚力和戰鬥力，更談不上什麼績效了。

相對的，一個高明的領導者，則能把握問題的關鍵，找出矛盾發生的原因，使大事化小、小事化了，達成「既團結同事，又弄清是非」的目的，增強集體的戰鬥力和活力。

其實，我們不必把所謂「領導統御高手」說得高深莫測。能不能大幅激發下屬的活力，善不善於化解部門與部門、個人與個人之間的各種矛盾，就是衡量一個領導者是否高明的重要依據。比較通俗的說法，就是看他能不能成爲一個手腕高明的「和事佬」。

一個對於錯綜複雜的人際關係能夠因勢利導的領導者，絕不是一個不講原則的、專門和稀泥的濫好人。

領導者要扮演好「和事佬」的角色，前提是必須要有公正客觀，明辨是非曲折，而且也不必去刻意討好每一個人。

讓自己的晉升之路暢通無阻

遭遇棘手的事情，處理時越要講求方法，儘量調停各方面的緊張對峙關係，力求各方面都對處理的結果都感到滿意。

賓諾莎曾說：「一個不懂得用腦筋做事的濫好人，往往只會為自己招來敵人，因此，人不僅只是做好人就足夠，而是必須要求自己做個聰明的好人。」

不管做人或做事，難免會遭遇許多「人性習題」。很多時候，成功者並非比失敗者更有才能，只不過他們面對「人性習題」時，比失敗者多了幾分謀略與策略。多一點心眼，才會多一分勝算，少一分危險。

清朝末期，湖南有個道台名叫單舟泉，善於判斷事情，辦事切中要領，並且能

運用策略化解矛盾，因此在當時聲望頗高。

有一次，一個到湖南旅遊的洋人在街上買東西，一些當地小孩子因極少見到金髮碧眼的外國人，所以跟前跟後地指指點點。這個洋人感到很惱火，於是就用手中的拐杖揮趕這些小孩。

豈料，有一個孩子躲閃不及，不幸被擊中太陽穴，瞬間慘死街頭。

小孩子的父母親當然不肯放過這個闖下大禍的外國人，糾集路人一齊圍上來，扭住那個外國人不放。外國人見狀只得又舉起拐杖亂打，連周圍看熱鬧的人也被打倒了好幾個。

事情越鬧越激烈，眾人於是齊心協力，將這個外國人用繩子捆綁起來，扭送到道台衙門。當時的中國，曾經因為類似的涉外事件而惹起許多麻煩，所以官府在處理這類案件時格外棘手。

審理此案的正是單舟泉。他認為湖南見過世面的有錢人很多，而且民風較為慓悍，如果自己辦案辦得不妥，民眾必定會群起抗議，甚至會引起民變。因此，他必須先把官司的複雜性和辦案的難處告訴他們，並請他們出面協助官方處理。如此一來，當地的士紳們會認為自己是站在民眾這邊，會群起擁護。

但是，如果要秉公處理，外國領事又難於對付，因為依照當時不平等條約的慣例，外國人在中國享有治外法權和獨立審判權，不受中國本土法律的約束。如果以中國法律將這位洋人論處，就當時的情況來看，毫無疑問會爆發嚴重的禍端。

所以，單舟泉認為有必要讓當地士紳、老百姓發洩公憤，到外國領事抗爭，形成僵持局面，到時候再由官府出面維護秩序，解決對峙僵局。因為，官怕洋人，而洋人又怕老百姓，老百姓又怕官。到那時，老百姓知道官府是為他們做主，自然易於同官府溝通。

如此這般想好之後，單舟泉即去拜會了幾個有影響力的士紳，對他們說：「外國人打死中國人，如果輕易放過，老百姓不會答應，我也於心不忍。現在唯一能解決問題的辦法是大家齊心合力，與外國領事力爭，討還公道。」

此話傳出之後，老百姓都稱讚單舟泉是一個愛國愛民的好官，並認為大家應該協力幫他才是，不應該與他為難。

隨後，單舟泉又對外國領事說：「我們這個地方，百姓蠻橫，難於馴服，這樁

人命官司又觸犯眾怒，民眾都想要將兇手親手打死。我得知此情焦急萬分，生怕有三長兩短，所以急忙派兵加以保護，才沒惹出禍亂。否則的話，兇手早就被活活打死了。」

單舟泉又說道：「在貴領事處外聚集了許多要鬧事的百姓，等候處理結果。我費了好大周折才把他們勸住。但是，此案如果判輕了，民怨必定會更加沸騰。」

外國領事聽他這麼一說，又見外面的確聚圍了不少群眾，果真害怕起來。最後，單舟泉便順利地處理了這樁棘手的官司，而且兩面討好，兩面都稱讚他有能力、會辦事，同時也受到督撫大人的好評。

當然，這個故事的寓意，並不是要求我們把自己變得首鼠兩端、圓滑世故的小人，而是強調越事遭遇棘手的事情，處理時越要講求策略、講求方法，儘量調停各方面的緊張對峙關係，力求各方面都對處理的結果都感到滿意。

如此一來，眾人才會覺得你辦事秉公處理，不懷絲毫私心，從而減少一些沒必要的怨氣，讓自己的晉升之路暢通無阻。

你只能選擇強而有力的靠山

哪一個企業內部的領導班子不是分成這「幫」那「派」的？萬不得已必須「選邊站」的時候，應當十分謹慎，以長遠眼光選擇強而有力的靠山。

碰到拉黨結派的兩大勢力發生混戰，自己又不能置身事外的時候，在抉擇投向哪一邊的時候必須相當愼重，因爲，這個抉擇很可能會影響往後的人生發展。

人生就如同一盤棋或一場牌局，一步走錯，步步皆錯，最後落得全盤皆輸。下棋輸了可以再下一盤，牌局結束了隨時可以重新開始，但是，人生卻無法從頭來過。因此，我們在打每一張關鍵牌，在走每一步棋時，都不得不愼之又愼。

從前，天上的飛鳥和地上的走獸不知為了什麼原因，竟然分成兩派打起仗來了，雙方愈戰愈激烈，互有傷亡勝負。

當時，所有的飛禽走獸都加入戰圈，唯獨自作聰明的蝙蝠騎牆觀望。

當鳥類獲勝的時候，牠便加入飛禽的陣營，對牠們說：「你們看，我有翅膀，我當然是鳥類！」

當走獸們戰勝的時候，牠就轉而加入獸類的行列，對牠們說：「你們看，我有牙齒和四肢，我當然是獸類！」

後來，鳥獸雙方死傷過於慘烈，而且難決勝負，便決定休兵議和。於是，蝙蝠就成了飛禽走獸共同鄙視的「異類」，誰也不願理睬牠。

蝙蝠的做法是對是錯，在不同的時空環境，自有不同的評論觀點，不過，重要的是，這個寓言故事提醒我們，在錯綜複雜的現實人生或工作環境當中，我們無法自命清高遺世獨立，也無法靠著騎牆觀望而永保安康。

當然，現實人生常常是撲朔迷離、變幻莫測的，而且會有許多人在一旁催促我們及早下決定，容不得我們做太多觀望。觀望時間過長，對方就會採取「不是朋友就是敵人」的判定標準，將你視爲假想敵。

人當然應該注重團體利益，堅決反對「山頭主義」和「拉黨結派」式的競爭關係。但是，在現實生活中卻充斥著這種現象。

殊不見，哪一個企業內部的領導班子不是分成這「幫」那「派」的？你投靠某個圈子，你就是這圈子的人，與這個圈子的福禍枯榮脫離不了關係；如果你任何圈子都不想進或者進入不了，你就什麼也不是，只能安分當個原地踏步的基層的員工，別妄想有升遷的機會。

因此，萬不得已必須「選邊站」的時候，應當十分謹愼，以長遠眼光選擇強而有力的靠山。

記住，初期的觀望只是爲了釐清紊亂的局面，讓自己多一點思考的空間，到了關鍵時刻就不能遲疑猶豫。不要像蝙蝠那麼滑頭，那麼勢利，知道自己非捲入不可，就不能置身於外。

小心別人把你當成替死鬼

有的領導過於勢利，你一旦失去利用價值，他就把你踢得遠遠的，甚至在危急之時把你當成「代罪羔羊」、「替死鬼」。

現實生活中，許多人堅持原則的精神相當令人讚賞，但是，他們聲色俱厲的辦事手法卻讓人感到迷惑不解：爲什麼這些有「能幹」的人，卻老是幹出和小人硬碰硬的蠢事，爲什麼不花點心思，用一點策略來處理自己的人際關係，以及所面對的棘手問題？

譬如，有的人總以爲只要自己做事光明磊落，「平時不做虧心事，半夜不怕鬼敲門」。這樣的人看不慣拉黨結派的風氣，對周遭的人事勾鬥嚴加譴責，但是由於個性過於剛烈耿直，結果往往是職位在原地打轉，始終無法更上層樓。

不管誰是誰非，現實的工作環境總是與我們的願望背道而持，公司內部往往分成了很多派別，而且明爭暗鬥的情形無所不在，很多時候，我們根本沒有選擇不捲入的餘地。

當然，「選邊站」絕不是教你毫無原則地唯利是圖、迎逢巴結，那麼，怎樣才能選擇最正確的一邊呢？

「如何選邊站」這個問題的確十分重要，尤其對一個想有所作爲的部門領導者來說更是如此。

如果你不是最高領導人，那麼，不管在什麼企業或團體，都有自己的上司。在迫不得已的情況下，必須「選邊站」的時候，首先要觀察你的上司是否具有必備的德性和素質。

有的領導過於勢利，爲人處事純粹是以對他有沒有用作爲唯一標準，你對他有用的，你就是他眼前的「大紅人」，你一旦失去利用價值，他就像拋棄破鞋一樣把你踢得遠遠的，甚至在危急之時把你當成「代罪羔羊」、「替死鬼」，置你於死地而後已。

對這種上司，事先一定要有所防備，暗中預留一手，以防將來他打算拋棄或加害你的時候施用。

換個角度來說，正因爲你留有一手，有所防備，所以他不敢輕易拋棄你，或者做出一些不利於你的事情來。

但一般來說，德性不好或缺乏「義氣」的領導人不宜追隨。所謂「物以類聚」，除非你本身就不是一個「仁義之士」，否則還是少追隨這種人爲妙。

惹不起小人，只好加倍小心

對於惹不起的小人，你千萬不能輕易得罪他。他們雖然算不上兇猛的老虎，但卻是能在背地裡咬死人的老鼠。

作戰之時，不是兵力愈多愈好，而要既能集中兵力，又能判明敵情，才足以獲得勝利。欠缺深謀遠慮，輕舉妄動的結果，只會爲自己招來不測。

平時的應對進退也是如此，千萬不可以自以爲是正義的化身，動輒得罪人，有些人是你惹不得的。

當你想要挑選一個值得追隨的上司，首先要看他有沒有「民意」基礎，也就是說，他有沒有獲取下屬支持的品德和才幹。

有的部門領導人一見到上司，就笑得眼睛瞇成一條縫，忙著迎逢拍馬，眞可謂極盡奴顏婢膝之能事。這種人長得一身媚骨，部屬一見他就噁心反感，背後不禁想踹他幾腳，要不是他有強硬的「靠山」撐著，早就轟下台了。

這種人即使安穩賴在職位上作威作福，但實際上部屬並不把他當一回事。萬一你不幸遇到這種領導者，不妨學孔聖人的做法：「敬鬼神而遠之」。

因爲，他既然能爬升到現在這個職位，背後必然有他的「靠山」，或者有他的「籌碼」，所以，你千萬不能輕易得罪他。這種人既不能追隨，也不能招惹，他們是典型的「成事不足，敗事有餘」，雖然算不上兇猛的老虎，但卻是能在背地裡咬死人的老鼠。

而且，還應該特別注意的是，這種上司往往還有一點自知之明——如果他不是一個道道地地的傻瓜的話，他往往能從別人的眼神中讀出鄙夷的意味。

你一旦表現出一點點的不敬不屑，他就很可能惱羞成怒拿你開刀，拿你來做出氣筒，認爲他之所以受到部屬鄙視，都是你這種自命清高的人在背後搞鬼。

如果不小心讓他發現你嗤之以鼻的態度，你可要倒楣了。他必然要殺雞儆猴，讓眾人知道瞧不起他的人會有什麼下場，挑戰他的權威、損害他的威信，又將有什麼後果。

因而，對這種人只能更加小心提防，把厭惡他的心理謹慎隱藏，然後想辦法趕快脫離魔掌，千萬不要淪爲他洩恨的祭品。

掌握別人對你的第一印象

懂得在第一時機將自己的最好一面表現出來，讓周遭的同事對你留下良好的第一印象，自然遠比那些不懂如何表現自己的人更接近成功。

一個人成爲社會的一分子，進入職場工作之時，接觸頻率最多的就是周遭的同事。因此，懂得一開始就在別人心目中留下良好印象，而又善於處理同事關係，能巧妙贏得同事支援的人，工作和升遷過程自然順利。

二十世紀最偉大的成功學大師卡耐基曾經說過：「良好的第一印象就是人際關係的通行證。」

其實，不僅僅在人際交往方向，想要順利遊走職場，良好的第一印象也是一張

相當重要的門票。

因為，人性當中有個牢不可破的弱點就是，在和一個初次見面的陌生人應對時，往往都會暗自打量對方的言行舉止，並且不知不覺間就給對方戴上「這個人很難纏」、「這個人很討人厭」或是「這個人很直爽」……之類的帽子。

其實，第一印象往往是我們拿對方跟自己的特質相互對照，並且衡量對方的外表、容貌、行為模式、穿著打扮……等基準，所產生的觀感。

儘管第一印象並不一定正確，但是在人際關係卻很重要的，因為當我們留給對方的第一印象是很難改變的。彼此互動的時間可能不到一個小時，想要進行修正卻必須耗費幾個月，甚至是幾年的時間。

美國心理學家羅勃特．費爾曼曾經長期對所謂的「第一印象」進行深入研究，他指出，在第一次會面之後所得到的有關對方的印象，往往會影響你對這個人的觀感，而且這種觀感日積月累之下，就會形成一種牢不可破的評價。

因此，一個人如何為自己留下良好的第一印象是非常重要的。良好的第一印象

會讓你減少幾年奮鬥；第一印象不好的話，日後想要設法挽回，恐怕就得費盡九牛二虎之力。初到一個新環境，正常人都會因爲陌生而感到緊張，不過，只要你掌握住每個人都有「先入爲主」這個弱點，一開始就樹立良好的第一印象，那麼你就成功一半了。

懂得運用策略爲自己塑造形象的人，會在第一時間將自己的最美好一面表現出來，讓新同事們對自己留下深刻而好的第一印象。這種聰明的人，自然比那些不懂如何表現自己的人更接近成功之路。

只要能正確認識自己的優缺點，然後揚長避短，發揮自己獨特的優勢，就可以形成與衆不同的風格，更可以塑造出自己獨特的魅力。

這樣一來，你便能很快引起別人的注意、重視，而利用這項優勢在自己的生涯中無往不利。

05

讓部屬
照亮你的人生之路

一個英明的領導者，不論什麼時候都不能忘記誠心誠意地對待你的部下，從而讓你的世界亮麗起來，因為，部屬可以照亮你的人生之路。

正視別人渴望獲得尊重的心理

一個高明的領導者必須淡化自己的權勢慾望，正視一般人渴望獲得尊重和賞識的心理，如此一來，才能激起下屬的感遇之心，心甘情願赴湯蹈火。

我們都知道劉備三顧茅廬，請諸葛亮下山爲自己效命的故事。

當時的劉備有如喪家之犬，四處流亡依附別人，連自己的地盤都沒有著落，可以說是身處危亡之境。但是，他卻有禮賢下士的優點，只要誰有眞才實學，或者具有某方面的特長，他都會不辭勞苦，親自登門拜訪，把對方奉若上賓。所以，遇到諸葛亮之前，他能找到像關羽、張飛這樣流傳古今的猛將，並以兄弟相稱，結爲生死之交。

後來，他到了南陽，聽說諸葛孔明高風亮節，有經天緯地之才，並能運籌帷幄，

決勝於千里之外。於是，劉備兄弟三人，一同前去諸葛孔明所居住的地方隆中草堂拜訪，試圖請出這個曠世奇才共謀人計，共創霸業。

可是，身懷奇才的諸葛亮不願輕易許諾，爲了考驗劉備的誠意和決心，他故意迴避了兩次，使得隨行的關羽和張飛兩人氣得大發雷霆。但是，劉備卻仍堅持以誠相待、以誠感人，三顧茅廬之後，終於請出諸葛亮。

最後一次，天空下起了鴻毛大雪，諸葛亮在草堂裡酣睡，劉備等三人靜靜在門外等候。諸葛亮深感劉備誠意十足，最後終於答應輔佐蜀漢，「受任於敗軍之際，奉命於危難之中」，從而爲劉備鞠躬盡瘁，死而後已，成爲禮賢下士、以誠待人的一段千古佳話。

魅力型領導者懂得如何透過言行去吸引別人，並激起他人追隨的慾望。他們各有各的招式，其中的每一招每一式，都蘊藏著神奇的魔力，引誘、迫使追隨者爲他們效力賣命。

許多歷史的典故都告訴我們，身居高位的領導人，若能放下身段，做到禮賢下

士，賢能之士就會拋頭顱、灑熱血地回報知遇之恩。箇中緣由只在於，人人都有一顆自尊心，人人都渴望獲得別人的尊重與賞識。

相反的，如果領導人一味以手中的權力對別人呼來喚去，或是進行要脅逼迫，就會讓人敬而遠之。

正因爲如此，一個高明的領導者必須淡化自己的權勢慾望，正視一般人渴望獲得尊重和賞識的心理，如此一來，才能激起下屬的感遇之心，讓他們心甘情願地爲自己赴湯蹈火。

要有禮賢下士的雅量

職務越高，往往和下屬的距離越遙遠。如果不趕快設法改善的話，實際上是親手斬斷了你翱翔於藍天的翅膀，實際上是親手扔掉了你划船的槳。

就算能力再怎麼高強的領導者，也會有自己的能力限制與不足之處，也常常會出現力有不逮或者是分身乏術的情況。

在這種時候，想要成爲卓越的領導者，就要懂得妥善運用下屬的能力，讓他們幫助自己完成那些棘手的事情。

成功的領導者與失敗的領導者之間之所以產生那麼大的差別，原因就在於前者是積極的，懂得主動出擊，積極招募人才，至於後者則是消極的，只會被動等待，卻老是抱怨欠缺人才。

戰國時候的魏國國君魏文侯是一個禮賢下士的典型。

據《史記》記載，當時魏國有一個叫段干木的人德才兼備，在民間聲望頗高，但是，他一直隱居在一條僻靜而人跡罕至的陋巷裡，不願意出仕當官。

魏文侯求賢若渴，很想重用他，因此想先與他見見面，向他請教治理國家的策略方針。

有一天，魏文侯坐著馬車，親自到段干木所居住的巷子去拜訪他，可是段干木聽到魏文侯與馬車的喧鬧聲，就急忙翻牆而走了。魏文侯無可奈何，只好叫部下打道回府。

幾天之後，魏文侯接二連三前去拜訪，段干木都不肯相見。

但是，段干木越是這樣，魏文侯就越是敬重和仰慕他的氣節和才華，每次路過他的門口，都要從座位上站起來，扶著馬車的欄杆，翹首仰望良久。

魏文侯手下的僕從對此頗有微詞，對魏文侯說：「這個段干木也太不識抬舉了，連國君誠心誠意拜訪他，都敢避而不見，像這種目中無人的人，您還理會他幹什麼

呢？」

魏文侯搖搖頭說：「你們不懂，段干木先生是個非常了不起的人。他不趨炎附勢，不貪圖富貴，品德十分高尚，學識又淵博，這樣的君子，我們有什麼理由不敬重他呢？」

後來，魏文侯乾脆放下國君的架子，不乘車馬，也不要僕從隨行，身著布衣平民的打扮來到段干木先生的家裡，這回總算見到了他。

魏文侯非常恭敬地向段干木請教國家大事，段干木被魏文侯的誠意感動，於是就為他出謀劃策，提出了不少治國策略。

魏文侯想要請段干木出任魏國宰相，可段干木無論如何不肯出任。

魏文侯不得已，只好退而求其次拜他為師，並經常去看望他，隨時聽取他的意見和建議。

魏文侯拜訪段干木的事情很快就傳開了，各國百姓都知道魏文侯是一位不擺國君架子，禮賢下士的明君。

於是，一些富有才學的傑出人士紛紛投奔魏國，不但獲得重用，也受到十足的禮遇和尊重。譬如，政治家翟璜、李悝輔佐魏文侯變法圖強，廢除奴隸制，進行政治、經濟改革，使得魏國不久就躍為當時的戰國七雄之一。

爲了在人際關係中做到誠心正意，我們必須學習魏文侯的雅量，敞開自己的心房，誠心誠意與別人溝通，不管對任何人，不論在任何時間、任何地點，都要表現出誠意。

位居高層的企業主管或領導人，很容易與同事、下屬、顧客和龐大的消費者疏離，而且職務越高，距離越遙遠。如果不趕快設法改善的話，實際上是親手斬斷了自己翱翔於藍天的翅膀，實際上是親手扔掉了自己划船的槳，無疑是身爲一個領導者的大忌。

讓部屬照亮你的人生之路

一個英明的領導者，不論什麼時候都不能忘記誠心誠意地對待你的部下，從而讓你的世界亮麗起來，因為，部屬可以照亮你的人生之路。

不尊重別人感受與立場的領導人，不管擁有如何高深的學識，最終只會引起部屬的討厭與嫌惡，很難達到有效溝通的目的。

爲人處世的藝術，其實就是態度上的不卑不亢。

與部屬互動的同時，運用各種技巧，表達出冷靜、理智且流露尊重對方立場的態度，無形之中就會讓彼此之間的交流愈來愈順暢。

以風趣幽默著稱的美國前總統雷根被人們稱爲「偉大的溝通者」，絕非是沒有緣由的胡吹瞎捧。

在他漫長的政治生涯中，自始至終都深切地體會到與各階層人士溝通的重要性。即使在他的總統任期內，他也堅持花一定的時間收閱來自美國四面八方的民眾來信，以誠心來傾聽他們的心聲和內心感受，瞭解國民的心態和感受，並把這些作爲自己決策的重要依據之一。

他請白宮秘書每天下午交給他一定數量的信件，看過之後，他還要利用晚上的時間親自回信。

繼任的幾位總統也同樣如此，常常利用現代通訊技術與一般民眾進行面對面的交談，透過種種方式來瞭解美國人民對政府工作的意見，和他們的眞實想法，並且表達他對人民疾苦的眞摯關心。退一步來講，就算他們不能眞正及時回答所有美國人的問題，但作爲國家元首，親自傾聽民眾的意見、抒發自己的想法，本身就是一種「誠意」的展現。

當然，這與美國的民主制度、白宮傳統、民族精神和國民素質，有一定程度上

的關聯。這也與民主國家的競選制度有關，在位總統及總統候選人爲了籠絡民心，或爲了贏得選票，不能不注重與國民的聯絡。

一百多年前的亞伯拉罕．林肯總統也是一位爲人稱道的「平民總統」。當時，凡是美國公民都可以直接向總統請願。林肯總統會請秘書或白宮其他官員做出答覆，有時候，他自己也會親自回覆請願者。

爲此，林肯總統還遭到一些批評。當時正是美國南北戰爭、北方諸州緊急待援的時候，很多人大惑不解地問道：「爲什麼你要花這麼多時間，去處理這些瑣碎的事情呢？」

林肯常常回答說：「我認爲，瞭解民意是美國總統的首要職責，因爲我是人民選出來的總統。如果我在某些方面做出了不利於美國人民的事情，我想上帝都不會原諒我的。」

福特汽車公司北美市場部處長理查德．芬斯特梅切爾的做法也值得學習，他常常對同事們說：「我辦公室的門永遠開著，如果你經過時看見我正在座位上，即使

你只想打個招呼，隨時歡迎你進來。如果你想告訴我一個新點子，或提什麼新建議的話，也歡迎你進來坐坐。千萬不要以爲必須通過分處經理才可以和我說話。」

要唸好人際關係這本經，並不像圓滑世故、花言巧語那麼容易，也不像故弄玄虛那麼莫測高深。

有了一個「誠」字，就具備了處理好各式各樣人際關係的基本前提和條件；反之，則成爲無益的空談。

一個英明的領導者，不論什麼時候都不能忘記誠心誠意地對待你的部下，如此才能拉近心與心之間的距離，從而讓你的世界亮麗起來，因爲，部屬可以照亮你的人生之路。

讚美別人可以改變自己的命運

美國心理學家威廉．詹姆士說：「人類本性上的企圖之一，是期望被讚美、欽佩和尊重。」

伊拉斯謨曾經這麼說過：「一個卓越的領導者，有時候必須懂得運用『謊話』去激勵和鼓舞部屬。」

的確，一個成功的領袖人物必須知道如何激勵周遭人士的熱情和鼓舞部屬的士氣，即便這些激勵和鼓舞的言辭全部都是暫時無法兌現的「謊話」，也必須充滿感情和熱情，把它們說得跟真話一樣。

十九世紀初，英國倫敦有一位年輕人矢志要成為作家，然而，他只受過四年的小學教育，他的父親又因債務而入獄，他只能過著極其貧困的生活。

後來，他在一座城市裡找到一個貼標籤的工作，夜晚就和另外兩個流浪兒睡在閣樓裡。他對自己的寫作能力一點也沒有信心，只好等到半夜另外兩個睡著了才敢把信寄出去，以免遭人恥笑。

可想而知，稿件大部分被退了回來。但是，後來終於有一次，他的稿件被採用了，有位編輯還在信中對他的這篇文章大加讚揚。

讚揚可以改變人的一生。從此，這位出身貧寒的窮孩子走上了文學之路，並且成為為世人所矚目的一代文豪。這個人不是別人，正是寫下《雙城記》等膾炙人口的查爾斯．狄更斯。

激勵大師戴爾．卡耐基說：「真誠的鼓勵和讚揚就像春天裡明媚的陽光給人的溫暖和激情，它能使失敗成為前進的動力，也能為成功的大廈添磚加瓦。使心與心的距離拉近的最好的方法，就是給人真誠的鼓勵和讚揚。」

美國心理學家威廉．詹姆士也說：「人類本性上的企圖之一，是期望被讚美、

欽佩和尊重。」

渴望獲得讚揚，是每一個人心目中的基本願望，即使是小人也不例外。因此，日常生活中，我們必須經常去讚美其他人，尤其是對那些陰險的小人，這更是必要的手段。

俗語有云：「精誠所至，金石爲開。」人非草木，孰能無情？只要我們肯用心去讚美別人，就算對方是個只會鑽營的小人，也會被你撥動心弦，不會在背後扯你後腿。

別當「狗眼看人低」的小人

應該注意自己與上司、部屬之間的關係和位置，消除腐朽的官僚主義和高高在上的思想。只有這樣，才有可能得到部屬的擁護，建立自己的威信。

知識經濟的年代，是個高度競爭的年代，同時也是許多人缺乏自信的年代。許多人在職場裡表現得有氣無力、自卑猶豫、瞻前顧後，甚至只會靠阿諛奉承求生存，言談之間都缺乏自信的魅力。

這樣的人對前途充滿悲觀，既不敢正視自己，得不到別人幫助，也沒有容人的器量，更別提和敵對過的人合作了，結局自然走向滅亡。

很多小人平日高高在上，一副狗眼看人低的模樣，見了比自己職位高的上司，就變了另一副嘴臉，一臉媚相地搖尾乞憐，跟前擁後地拍馬溜鬚，這種人和奴才沒什麼兩樣。

我們往往可以發現，越是喜歡諂媚上司的人，對下屬就越苛刻，平時見了人，臉上的橫肉動都懶得一動；有人和他打招呼，至多也只是從鼻孔裡哼一聲。似乎是因爲巴結討好上司而付出了太多的代價，受了一些精神上的「損失」，非得從部屬身上加倍「要」回來不可。

魯迅在一篇雜文中曾經說道，愈喜歡「媚上」的人，就會愈窮兇極惡。因爲他們是在尋求一種心理上的平衡，這也算一種「能量守恆」定律吧。

我們如今身處在民主社會裡，千萬別當個「狗眼看人低」的小人，應該注意自己與上司、部屬之間的關係和位置，消除腐朽的官僚主義和高高在上的思想。只有這樣，我們才有可能得到部屬的擁護，領導者才能建立自己的威信。

曾國藩利用親情成為「中興名臣」

為什麼聲勢浩大的太平天國，最後不敗於滿清將領之手，反而敗給一個出生湖南農村的文弱書生曾國藩呢？原因就在於，曾國藩善於運用「親情」的力量。

不懂得活用情感綁住部屬的領導人，不管擁有如何高深的學識，最終只會引起部屬的討厭與嫌惡，很難有效達成自己的目的。

為人處世的藝術，其實就是態度上的不卑不亢，以及情感的籠絡。與部屬互動的同時，表達出關懷且流露尊重對方立場的態度，無形之中就會讓彼此之間的結合愈來愈緊密。

在封建社會裡，許多官員都知道如何籠絡民眾，利用民心，鼓舞士氣幫助自己

完成一番大事業。

漢民族是一個典型的「倫理本位」民族，特別注重種族血統和血緣關係，「牢莫過於夫妻盟，勇莫過於父子兵」這句古話頗能說明這種傾向。一旦家庭、宗族和地域的關係與政治聯姻，就會出現一些讓西方人難以置信的奇蹟。

近年來，在中國大陸的「通俗文化」領域，出現了一股「曾國藩熱潮」，各式各樣研究清朝中興名臣曾國藩的書籍可說琳瑯滿目。

曾國藩何以能成為清廷倚賴的「中興名臣」，建立輝煌的功業，並且被梁啓超等人視為歷史上「不一二睹之下人物」呢？

如果我們仔細研究就會發現，曾國藩其實是一位善於利用家庭關係、宗族關係、朋友關係、師生關係的領導統御高手，這正是他成功的最重要原因之一。

曾國藩崛起的時候，正是太平天國革命運動如火如荼的時期。

一八五一年，洪秀全組織的「拜上帝會」在兩廣一帶蔓延，建立了了震驚全國的太平天國。太平軍聲勢浩大，所向披靡，從廣東揮軍直搗北方，先攻下湖南，又攻佔湖北，奪下江西，進逼江蘇、浙江一帶，到最後幾乎控制了淮河以南的大半個中國。

對於太平天國作亂，清朝政府非常驚慌惶恐，連同治皇帝也哀歎：「朕位幾有不保之勢」。與太平軍交戰的八旗軍、兵勇、地方團練屢戰屢敗，一路挨打，毫無還手之功。

曾國藩當時不過一介儒生，善觀天道人事，認為天下大亂，自己大展鴻圖的時機已到。他並不急於領兵作戰，而是獨闢蹊徑地回到他的老家湖南，召集鄉勇，從興辦團練開始，目的在於練就一支絕對聽命於他的湘軍。

團練的主要成員就是他的宗親、同鄉好友、同學，他的過人之處就在於他透過血緣關係、親族關係和地域關係，利用親情的力量，將發展壯大的湘軍牢牢地捆綁在一起，令外人難以拆解。

事實證明，曾國藩編練的這支軍隊極富戰鬥力，很快就成為太平天國頭疼不已的死敵。後來，曾國藩依靠湘軍，取得了兩江總督和軍機大臣的權位，成為一人之下、萬人之上的重臣，甚至具有問鼎清廷的實力。

最後，他坐鎮安慶，攻下太平軍的江南大營和江北大營，轟開太平天國的首都所在地——南京，撲滅了這場轟轟烈烈的大革命。

太平天國革命波及中國十八省，歷時十四年，幾乎控制了大半個中國。滿清數百萬軍隊在太平軍面前兵敗如山倒，被打得潰不成軍。

可是，爲什麼聲勢浩大的太平天國最後不敗於滿清將領之手，反而敗給一個出生湖南農村的文弱書生曾國藩呢？

原因就在於，曾國藩善於運用「親情」的力量。

如何讓別人為自己賣命

一個領導人必須先具備「為公」的寬廣胸懷，然後再發動溫情攻勢，經營好自己的「私人關係」。

領導統御的藝術在於容忍部屬的缺點，活用部屬的優點。卓越的領導人可以透過謹慎觀察得知部屬的優點與缺點，並且在輕鬆愉快的氣氛中，彼此交流想法和看法，然後將對方的優點發揮到極致。

想要成爲卓越的領導人，必須先訓練自己成爲一個心胸寬大的人，然後加強識人用人的能力，如此才能發揮更高超的領導藝術。

要學會克制自己的好惡，不過分在意部屬的缺點。

在感情方面進行投資，有時會創造意想不到的功效，作爲領導者，應該深諳其中的奧妙，適時地讓溫情效應發酵。

一九四九年，國共「三大戰役」結束後，取得半壁江山的中共解放軍，積極進行渡越長江的前置作業。

可想而知，一旦長江防線被解放軍突破，蔣介石政權滅亡就指日可待，因為，首當其衝擊的，就在位於長江沿岸的首都南京。

當時，蔣介石的國民黨軍隊中，有一位上將奉命在長江南岸佈防，由於受失敗情緒的影響，士氣相當低迷，某天夜晚竟然和其他三位軍官一起在防禦工事的地堡裡打起麻將。

當天夜裡，蔣介石恰巧巡視到該地。他悄悄地走到地堡裡，一語不發地看著這四位正在賭博的軍官。

過了一陣子，終於有人發現身後多了個人，抬頭一看，居然是蔣委員長，四個人嚇得面無血色，唇齒打顫，雙腿發抖，以為這下子腦袋保不住了。

豈知，蔣介石當時並未發怒，也未加以斥責，而是慢慢走到桌前，坐了下來，輕輕地說了聲：「繼續玩！」

蔣介石的牌技不錯，不一會兒就贏得了一大把鈔票，他將這把鈔票推到站在身邊，還在發抖的將軍面前說：「都拿去吧，補貼一下家用。」

幾位軍官見狀，感動得熱淚盈眶。這時，蔣介石站起身，很嚴肅地向這四名軍官行了個軍禮，懇切地說：「兄弟，一切拜託了！」

就在幾位軍官哽咽不已的時候，蔣介石又一言不發地走了。

後來，在中共百萬大軍渡過長江的時候，這幾位軍官率領士兵浴血頑抗，寧願戰死也不降。長江防線被攻破後，那位將軍毅然決然地舉槍對準自己的腦袋，飲彈自盡了。

這位將軍生命的最後一刻，腦海裡閃過什麼景象，其實不需要心理學家加以分析。他必定憶起了蔣介石查勤的那個晚上的情景，想起了蔣介石的軍禮，以及那一聲凝重得讓人窒息的一聲——「兄弟，拜託了！」

所謂「女爲悅己者容，士爲知己者死」，上面這個例子說明了，一代梟雄蔣介

石善於籠絡、收買人心的一面，不愧是擅長利用溫情攻勢的領導統御高手。

他加入國民黨之後，即對黨內各股勢力的恩怨情仇和利益糾葛詳加分析，並且妥善經營自己的人際關係，終於躍爲黨政軍最高領袖，幾乎所有當道的黨政要員和將領全是他的親信或嫡系。

雖然他的歷史評價毀譽參半，行事也有可議之處，不過在經營人際關係與領導統御的技巧方面，仍然有値得學習之處。

必須注意的是，無論你是哪個層級的領導人，經營人際關係的立足點，應該是爲自己領導的部門創造績效、謀求最大利益，而不是居於私心拉黨結派。一個優秀的領導人必須先具備「爲公」的寬廣胸懷，然後再發動溫情攻勢，經營好自己的「私人關係」。

怎麼和上司交談最妥當？

透過察言觀色去瞭解上司的個性，並不是代表著曲意迎合，而是運用心理學讓自己事半功倍的應對方式，使自己在升遷過程佔得先機。

在職場想要出人頭地，如何與上私交談是個重要的關鍵。一個優秀的上班族只要能瞭解上司的個性，以尊重和謹慎的語氣，選擇有利時機，保持不卑不亢的態度跟上司交談，那麼必定能與上司進行成功的互動，對自己的日後升遷大有助益。

一般說來，當一個人與同事、同學、朋友或是下屬說話時，表現都會比較正常，行為舉止也會比較自然、大方，但是，當他與比自己身分、地位、職位較高的人交談時，心裡就可能感到緊張，表現得較拘謹，也因此常常犯下不該犯的失誤。

譬如，有的人因爲有所顧忌，不敢在自己的上司面前暢所欲言，以致於說了一堆不知所云的廢話，但是在自己的下屬面前講話，則可以思路清析、條理分明地侃侃而談。又譬如，有的人在一般人面前總是擺出一副自信能幹的架勢，可是一見到有權有勢的人就顯得十分馴服，一副唯唯諾諾的模樣。

如果你也有這種毛病，那麼記得和上司說話時，就要避免過分膽怯、拘謹、服從，不要用唯唯諾諾的態度講話，儘量以生動活潑的語言和沉著自信的態度來表現自己的看法。因爲，說話時候的態度和內容，不僅會影響上司對你的觀感，有時還會因此影響你的工作和前途。

此外，跟上司說話時要尊重、謹慎，但不能一味奉承迎合，因爲這種姿態只會損害自己的人格，根本得不到應有的重視與尊敬，更可能引起上司的反感和輕視。

其實，只要你能以不卑不亢的態度跟上司交談，而且在工作上能根據事實與理論，表現自己獨到的觀點，反而更能獲得上司的賞識。

再者，掌握上司的個性也是一個重要的課題。必須記住，層級再高的上司也是平常人，也有個性、愛好與生活習慣……等。例如，有的上司的性格十分爽快、乾脆，會直接表達自己的好惡，有些則顯得沉默寡言，凡事思考再三，不輕易將自己的想法說出，面對不同性格的上司，要有不同的應對方式。

透過察言觀色去瞭解上司的個性，並不是代表著曲意迎合，而是運用心理學讓自己事半功倍的應對方式。

當你清楚自己的上司是怎樣的人時，懂得順著他的慣性思考去談論事情，往往能順利得到他的認同，使自己在升遷過程佔得先機。

除此之外，與上司談話還要選擇最恰當的時機。因爲，上司從早到晚要考慮的問題、要下決定的事很多，千萬不要笨到他正在處理重大事情時，提一些瑣碎的事務去打擾他，應該根據問題的重要與否，選擇適當時機加以反應。

誠心誠意才能換得情誼

人情和人際關係的「資源」一旦耗盡，你就變成一條擱淺的巨鯊了，等著被水鷹和食腐動物吃掉。想要獲得別人善意的回應，與人交往之時，應該要強調「誠心誠意」。

能不能維持良好的人際關係，「誠」是相當重要的關鍵。「誠」的意思，不僅僅是「誠心」或「誠意」，而是更高的禪學境界，我們不妨舉明末清初的秘學大師的經歷做說明。

秘學大師出家之前，曾經四次到當時著名的靜明寺參禪。

有一回，他在禪寺裡靜坐了六七天，心仍不能入定，就自己勉勵自己說：「有的禪師靜坐一百多天都不能入定，何況是我這樣的一介書生呢？」

於是，秘學大師發誓不出門，一直坐下去，過了半個月才入定。

後來，他回憶說，剛開始半個月，看到東西還以為是兩個，譬如看到鞋子在床前時，心中也會有鞋。

時間久了，心裡面就看到紅圈漸漸變大，擴展到肌膚肢體的時候就逐漸散去，自己覺得舒暢無比。

有天晚上，他聽到城外壕溝裡的鴨子聲，與自己的身體只隔一層，好像就在口袋裡頭。過了良久，忽然之間，鴨子鳴叫的聲音與水流聲音同時進入身體中，直覺遍體舒暢。

於是，秘學大師歎息說：「只有心誠方能達到如此玄妙的境界，世界上有許多奇妙的景觀和勝似仙界的地方，絕大多數人之所以無法體味，原因只在於不知『誠』這個字而已。」

這個例子或者太玄了一點，但是其中的奧妙頗值得我們細細領悟——「誠」的意思，就是與對方合爲一體。

要想在社會關係中如魚得水、左右逢源，光講究「八面玲瓏」是遠遠不夠的，因爲八面玲瓏只意味著圓滑、鄉愿，連誠心誠意的境界都未達到。

自己若是缺乏誠心、沒有誠意，就不可能從別人那裡得到任何情誼，只能偶爾占點小便宜，但時日一久之後，你就露出小人的廬山眞面目。最後，變得人人躲你，人人怕你，對你「敬鬼神而遠之」。

人情和人際關係的「資源」一旦耗盡，你就變成一條擱淺的巨鯊了，等著被水鷹和食腐動物吃掉。因此，想要獲得別人善意的回應，與人交往之時，應該要強調「誠心誠意」。

06

小心小人
背後放冷箭

職務越高，不應該太得意，因為這意味著你比其他人更危險！為了避免遭小人放暗箭，還是要收斂你的意氣風發，多一點含蓄，少一點喜形於色。

跟對上司才會有前途

想要在自己的工作生涯中更上層樓，就必須費心考察一下你的上司的「來路」和「背景」，仔細評估他會不會再高昇。

一個人縱使身懷絕技，有經天緯地的才能，如果跟錯了人，也不一定會有出息、有大發展。

諸葛孔明後來被人喻爲「中國人智慧的化身」或「中華民族智慧的象徵」，但是，我們可以這樣設想，當時如果沒有水鏡先生司馬徽對他瞭解和「知遇」而向劉備舉薦，如果沒有劉備對他的賞識和禮賢下士，那麼，諸葛亮或許僅僅是一介儒生，靠著自耕自織爲生，根本沒有機會躍上歷史舞台，演出那麼多動人心弦而又幾乎改變三國歷史面貌的戲碼了。

古往今來，往來仕途的道路上，不知有多少人懷才不遇，最後鬱鬱而終。自古以來，文人騷客只知慨歎「征程枯骨知多少」，只知慨歎「一將功成萬骨枯」，卻都不曾注意到，仕途上的「枯骨」幾乎和作戰身亡的人不相上下。

秦朝末年，陳勝和吳廣在揭竿起義的時候，曾憤怒地斥責：「王侯將相，寧有種乎？」意思是說，現今那些身居高位的王侯將相，難道是天生的嗎？

王侯將相除了世襲之外，當然不是天生的，都是靠自己努力或別人適時提拔而成就的結果。

因此，想要在自己的工作生涯中更上層樓，就必須費心考察一下你的上司的「來路」和「背景」，仔細評估他會不會再高昇。

一般而言，擁有一定背景的人，有一定後台的人，升遷的速度絕對要比沒有背景和後台的人要快得多。

道理很簡單，那就是不少上司都喜歡重用「一根草繩上的螞蚱」。如果你跟他是「一根草繩上的螞蚱」，你就能與他患難與共，用你就好像在使用他自己的耳目，就好像在使喚他的手腳一樣得心應手。

當然，想要有一番成就，必須掌握做人做事的原則，並不是非得用勢利的眼光去觀察上司不可。

我們只能將這種觀察當做是自己如果選擇投靠他，能否有所作爲的參考條件，而不是把它看成唯一的條件。

如果你只是爲了自己步步高昇而曲意奉承上司的話，那麼，你就會淪爲一個逢迎拍馬之徒，不久便會被你的下屬唾棄！

接近深具潛力的上司

與其刻意巴結討好現在正春風得意、紅得發紫的上司，倒不如用心去接近現在並不走紅，甚至有些抑鬱不得志，但是具備創大業、做大事潛力的上司。

想要讓自己在升遷的道路走得平穩順暢，還要細心觀察你的上司有沒有必備的領袖性格或特質，能夠使他從激烈的人事競爭中殺出層層重圍。

所謂「路遙知馬力，日久見人心」，強調的是患難時期見真情，貧賤之交最難忘懷；這層道理也可以運用在選擇追隨哪位上司。

如果你還年輕，有足夠的等待時間，那麼，與其刻意巴結討好現在正春風得意、紅得發紫的上司，倒不如退而求其次，用心去接近現在並不走紅，甚至有些抑鬱不得志，但是具備創大業、做大事潛力的上司。

這是因為，他現在地位不高，沒有衆星拱月的優越感，願意與他接近的人並不多，如果此時你誠心誠意追隨他，他就會對你產生感激之情，產生知遇外的好感，知道你並不是那種追腥逐臭、趨炎附勢的泛泛之輩。

如果有一天他的運勢否極泰來，突然飛黃騰達了，你就極有可能是他安排人事佈局時第一個考慮到的人。

屆時，你無須多費唇舌，更無須汲汲營營鑽逢，很快就會吉星高照，獲得上司提拔重用，還會跟他在以後的共事中更加親密無間。

儘管此時他必然終日被那些忙著交心、獻媚的下屬和同僚纏得脫不了身，但是，你仍然可以「不戰而屈人之兵」，靠著先前的運籌帷幄而「決勝千里之外」，戰勝那些臨時「抱佛腳」的人。

急功近利、過於市儈的人眼光不會那麼長遠，也很難做到這一點。正因為如此，你更必須具備高瞻遠矚的智慧，讓自己站得高一些，看得遠一些。

不要急著交心表態

把自己的真實想法全盤托出，或者急著交心表態，對自己不僅沒有好處，反而會帶來無窮的後患。你不但會受到很多傷害，還會失去一次次提升的機會。

有的人性格過於直率爽朗，對任何人都欠缺防備之心，說話也不知保留，往往知無不言，言無不盡。

這樣的人其實是將自己推向危險的邊緣，處境十分堪慮。

和人初次見面，或者才見過幾次面，就算你覺得這個人還不錯，也不應該一下子就把自己的心掏到別人面前。

有句話說：「逢人只說三分話，不可全拋一片心」，意思是說，對於自己還不是很瞭解的人，無論說話或行爲，都要有所保留，不可一廂情願認爲對方是值得結交的朋友。

不要一下子把心掏出來，並不是教人虛僞狡詐，而是防人之心不可無，因爲人心複雜多變，你無法預知別人是否和你同樣磊落坦蕩，不存害人之心。一旦你推心置腹和未經了解的人交往，結果有可能讓自己身受重傷。

現實生活中就有很多人，當你把心肺掏出來給他看的時候，他反而把你當成易與之輩，從此就不再尊重你。對這種人來說，太容易得到的眞誠，他們是不會加以珍惜的。

所以，你在結交朋友或者選擇追隨上司時，應該愼之又愼，仔細觀察他的人品之後，再做最後決定。

把自己的眞實想法全盤托出，或者急著交心表態，對自己不僅沒有好處，反而會帶來無窮的後患。你不但會受到很多傷害，而且更要緊的是，你還會失去一次又一次提升的機會。

你既然這麼容易應付，那麼，上司在提拔幹部的時候，肯定不會首先想到你，甚至會把你排在最後頭。

因為，「會哭的娃娃有奶吃」，那麼多人在爭奪職位，他一定得先將較好的位置預留給那些會吵會鬧的人，至於萬一最後沒安排什麼職位給你，你也不會有什麼激烈的反彈舉動。

所以，對於這種上司，如果你不儘早棄他而去，當你看到他春風得意時，千萬不要太高興，應該清醒地認識到，自己只有繼續坐冷板凳的份了。

腳踏雙船最安全

如果你同時與兩位上司共事，而這兩位上司之間情若冰炭，勢同水火，你就不得不考慮「腳踏兩條船」的技術性問題。

眞正的強者，總是保持清醒的頭腦，從不因爲對手的行動而迷惑，相反的，會讓自己的應對進退更加靈活。

想要在既現實又複雜的社會叢林活下去，除了「做人處處用心，做事處處留心」之外，有時候要學會「腳踏兩條船」的本領。

說到「腳踏兩隻船」，很多人會皺著眉頭說，這起不是騎牆派的做法嗎？跟用情不專的人有什麼兩樣。

其實，這是一種很大的誤解。第一，職場不是情場，上司不是你的愛人；腳踏兩條船只是適當地分散風險，而且在實際工作領域中，這是經常碰到的事。第二，所謂的「腳踏兩條船」是指在晉升之途是窮凶極惡的，絕對不要逼自己一直走在鋼絲上，否則可能遭到不測。

法國的奧塞多維亞先生是世界上聲名赫赫的走鋼絲的專家，但是最後卻從橫跨兩座山之間的鋼絲上摔下，跌落山谷而亡。奧塞多維亞曾於一九九七年走過固定在長江三峽兩岸的一根鋼絲，也走過無數次世界著名高樓大廈上的鋼絲，可是他最終還是粉身碎骨了。

在人生旅途中，千萬不要學奧塞多維亞那樣，為了要展現藝高膽大，而一直將自己置於高度危險的環境。

在職場上，不能死心塌地跟定一個上司。因為，在很多時候，上司之間的關係極為微妙，或者變幻莫測。

如果你同時與兩位上司共事，而這兩位上司之間情若冰炭，勢同水火，你就不得不考慮「腳踏兩條船」的技術性問題。

如果你不這樣未雨綢繆，而是選擇跟定其中某一人，一旦有什麼閃失，那麼另外一位就會藉機將箭頭瞄準你，置你於「死」地，而你效忠的對象則有可能將你當成「擋箭牌」，任平你白白犧牲。

但是，想要腳踏兩隻船必須踏得巧、踏得妙，否則極容易落水溺斃。

你不能赤裸裸地表明這樣的態度——那是你們兩個之間的事，我不想捲入，哪個我都不想得罪。

擺明這種態度的話，他們兩個可能都不會對你有好感。他們或許會認爲你表面這樣說，實際上是和另一方暗中「勾結」，或許認爲你就像寓言故事裡的蝙蝠一樣，是個騎牆觀望的投機傢伙。

結果，你就眞變成了寓言裡的可憐的蝙蝠，兩邊都不要你，兩邊都不理睬你，有什麼機會或好處也輪不到你。

明智的辦法應該是，要儘量協調他們之間的矛盾，至少不要在他們中間煽風點火，擴大事態。而且要經常和他們溝通，表示自己夾在中間處境十分爲難。

如果甲上司叫你去做某事，你明知乙上司會反對，那麼你就應該主動跟乙上司談談，告訴他這是甲上司的意思，與他研究應該怎麼辦，有沒有不妥之處。

在這種情況下，乙上司就很容易理解你的苦衷，即使你照甲上司的意思去做了，他也不會因此而忌恨你。

如果乙上司堅決不同意甲上司的意見和做法，那麼，他也不會把這個問題推給你，他會直接找甲上司交涉。

你只有這樣「乖巧」一點，才不至於成爲雙方權力鬥爭的犧牲品，才有可能左右逢源，爲自己鋪起一條金光大道。

不要淪為別人的「陪葬品」

過於強調自己與某位上司的從屬性和依附性，明目張膽地搞派系、搞山頭主義，會引起其他人的反感，也會損害上司對你的印象。

有人說，天底下沒有融化不了的冰山，在職場上也沒有絕對不能和睦相處的上司和部屬，只要懂得設身處地爲對方著想，眞心誠意地對待他們，就一定能換來他們更誠摯的回報，讓自己往後的升遷之路創通無阻。

話雖如此，還是必須爲自己預留一條穩當的撤退之路，眞正懂得做人做事的人，絕對不會得罪上司或部屬，讓自己疲於奔命。

有的人不懂得腳踏兩條船的奧妙，一開始就認爲自己是屬於某一方，然後死心

場地跟定他，上司叫做他做什麼，他就做什麼，甚至玩弄一些陰險的伎倆，從中挑撥離間，加劇兩個上司之間的矛盾。

必須記住，儘管現在已是民主自由的時代，但是許多人的潛意識裡還殘存著傳統觀念——既然你「生」是某方的人，那麼，一旦你的「主子」出事，你這個做「奴才」的也得完蛋。

既然如此，你又何苦成爲別人的「陪葬品」呢？

此外，你所跟定的上司一旦調往其他地方或部門，而未將你一起帶走，那麼你也勢必成爲第一個被剷除的對象，而且沒有人會同情你的「悲慘」遭遇。

在工作圈裡，有時候既要「選邊站」，又要設法「腳踏兩條船」，兩者會不會相互矛盾呢？

乍聽起來，「腳踏兩條船」與「選邊站」是針鋒相對的，其實並非如此。細心的人一眼就能看出來，只是兩者所強調的只是重點不同而已。

「選邊站」側重於你在職場上，不可能置身於特有的社會聯繫和規律之外，你

別無選擇，必須參與。

你不能像蝙蝠那樣既不加入鳥類這邊，又不加入獸類那一邊，過於騎牆投機，最後會使你輪爲一個可憐的棄兒。

而「腳踏兩條船」則側重於，要善於處理自己與兩位或兩位以上的上司之間的關係，善於協調、消除它們之間的爭鬥、誤解等各種矛盾，而不是像封建時代的臣子一樣，一味講求什麼「忠臣不事二主」。

過於強調自己與某位上司的從屬性和依附性，明目張膽地搞派系、搞山頭主義，會引起其他人的反感，也會損害上司對你的印象。

不過，必須強調的是，無論是「腳踏兩條船」也好，還是「選邊站」也好，我們都應將個人利益和團體的利益結合起來。

小心小人背後放冷箭

職務越高，不應該太得意，因為這意味著你比其他人更危險！為了避免遭小人放暗箭，還是要收斂你的意氣風發，多一點含蓄，少一點喜形於色。

許多精闢而生動的格言都勸戒我們：當一個人春風得意的時候，千萬不要張狂，而要低調行事。然而，遺憾的是，很多人卻時常犯這些致命的錯誤，而失去了一次次升遷的良機。

很多人有工作能力，工作崗位也紮紮實實做出了一些功績，同事讚譽有加，上級長官也將他列爲重點培植對象，多方予以重用，想方設法要提高他的威信和影響。然而，這些人一聽到上級告知即將升遷，往往興奮至極，四處張揚渲染，甚至透過媒體宣傳。

這一來，上級不免皺起眉頭：「這未免太不成熟了吧！尚未對未宣佈的事，居然敢對媒體透露，這樣的人是不是合適當更上一層樓？」

僅僅爲了滿足自己按捺不住的喜悅與虛榮，斷送了美好前程，落得狼狽不堪，這在官場最常發生。

生活的經驗一再告訴我們：遇有喜事要持重，得意之時切莫忘形。有些小人是非常自私的，當你春風得意的時候，一定惹來這些小人的嫉妒和惱怒。

表面上，他們或許阿諛奉承，甚至假扮成你的知己和傾慕者，私下卻對你恨之入骨。所謂「當面喊哥哥，背後摸傢伙」，就是這種景象的最佳寫照。

爲了避免遭小人從背後施放暗箭，還是要收斂你的意氣風發，多一點含蓄，少一點喜形於色。

比如在公司裡上班，可能就有這種情況，有人會錦上添花地向你說：「看來，老闆就只信任你一個！」

或者說：「唔，經理這個位置，看來非你莫屬了。」

「嘿，升官之後，可千萬別忘記我啊！」

切莫被美麗的謊言沖昏頭腦，切莫輕而易舉地踏進別人精心設計的圈套。聰明的人隨時都必須保持理智狀態，你應該告訴他們：「不要亂開玩笑！公司裡像我這樣的人算得了什麼呢？」

或者軟中帶硬地回答說：「我哪能比得上你伶牙俐齒，人又聰明！」

眞正聰明的人，應該深知「居安思危」的道理，記取「樂極生悲」的教訓。你必須經常警惕自己：什麼樣的情況對自己有利或有害？公司在短期內將有哪些新情況新變動？同事間的關係怎樣？競爭者的最新動向如何？最高決策層相互鬥爭的內幕詳情如何？

你的職位愈高，盯著你的人也就越多，因爲，你就好比是棲停在一棵無枝無葉的禿樹上的一隻大鳥，隨時都極有可能引來追尋獵物的獵人。所以說，職務越高，不應該太得意，因爲這意味著你比其他人更危險！

小心提防別人對你的敵意

凡事多一點心眼，往壞處著想，朝好處努力，不要把尚未發生事情都想得十分順利圓滿，活在不切實際的憧憬中。

當你即將要獲得勝利的果實之際，必須表現得更謙沖，嚴防別人因爲妒忌你而燃起敵意，更不要無端樹敵，而要想方設法迴避別人對你的敵意。

英國的一位著名心理學家曾經提出著名的逆向思維模式，他列出一系列典型的例證來說明他的思想，例如：

- 一塊石頭從高樓上飛落而下的時候，它總是砸在人的頭上；
- 當你擔心你所牧養的牛羊會逃跑而修理牧圈，那麼這個夜晚你必定要損失無

數的牛羊；

- 如果你懷疑你的老婆跟人有外遇，你就一定沒有猜錯；
- 兩條平行而延伸的直線，很容易找到一個交點；

這些例證在我們看來幾乎近於荒誕，既不是常規，也不合邏輯，甚至可能懷疑這是精神病人的胡言囈語。

可是靜下心來仔細想想，這位心理學家只不過是以荒誕不經的形式，表達了極爲眞實的內容。這些例證所要強調的是，自然界和人類社會對個體造成的不可逆轉的危害。

的確，從高樓大廈上飛落而下的石塊，不一定會砸在行人的頭上。如果它並沒有傷及行人，它對人來說是無意義的；一旦它擊中人的腦袋，這個災難性的後果則是不可逆轉的。因此，它對人的影響或者危害，與它本身對人的意義是同時產生，也是同時消失的。

再譬如說，兩輛在不同軌道的相對奔馳的列車，按常理說是不會碰在一起的。

但是，這只不過是「常理」而已，這位心理學家則強調：「兩條平行而延伸的直線，很容易找到交集點。」

如果列車找到交集點，後果則是不堪設想的——儘管按理說是無法找到交點的，但每年卻有那麼多人死於列車相撞。這位心理學家所要強調的，就是這種災難對人類的影響，並提醒人們對它多加注意。

凡事多一點心眼，往壞處著想，朝好處努力，不要把尚未發生事情都想得十分順利圓滿，活在不切實際的憧憬中。

即便是在你眼前已經出現大好形勢，或者已經勝券在握，你都要慎之又慎，提防半路殺出程咬金，切莫「大意失荊州」，一失足成千古恨。

微笑可以為你換來更多鈔票

微笑除了會帶給自己好心情，還會帶給自己更多的收入。想要在職場左右逢源其實很簡單，只要好好控制自己的心境，便可以達到目標。

成功學大師卡耐基曾經說：「笑容能照亮所有看到它的人，像穿過烏雲的太陽，帶給人們溫暖。」

職場最重要的成功法則是：懂得微笑的人，才會有升遷的希望。

因為，不管上司或下屬，沒有人喜歡提拔或幫助那些整天皺著眉頭、愁容滿面的人，更不會有人相信他們可以攀爬到什麼重要位置。

要使同事歡迎你、喜歡你，除了平時要對他們表示誠摯的關切外，更別忘了見面之時要露出笑容。

因爲，肢體動作比言語更具威力，微笑所代表的意思就是：我喜歡你，你使我感到愉快，我很高興見到你。

卡耐基曾經鼓勵卡耐基學院的學員花一個星期的時間，每天對別人保持微笑，然後一個禮拜之後發表自己的心得感想。參與這項計劃之一的威廉·史坦華是華爾街的知名人士，由於生活過得悶悶不樂，因此也參與這項計劃。

史坦華結婚已經十八年了，每天早上起床到上班之前，很少會對太太微笑，也很少她說上幾句話，上班的時候對其他的人更是一副撲克臉。

他按照卡耐基的要求，上班的時候對大樓管理員和警衛微笑，說一聲早安，當他跟地鐵的賣票小姐換零錢時也會對她微笑，站在股市交易所也對所有人微笑。

史坦華發現，每個人都對他報以微笑，而且當他以愉悅的態度面對那些滿肚子牢騷的人之時，很快就能平復對方心中的不滿，讓問題很容易就解決了。

這時，史坦華發現，微笑除了會帶給自己好心情，還會帶給自己更多的收入，

每天都帶來更多的鈔票。

從此，他的人生有了截然不同的轉變，成一個更快樂更富有人。

每個上班族都希望能在職場一帆風順，一步步爬上自己想要的位置，過著幸福快樂的日子。其實，想要在職場左右逢源，方法很簡單，只要能夠好好控制自己的心境，便可以達到最終的目標，因爲升遷的階梯就在你的心裡，要爬得快或慢完全由自己決定。

微笑不用花什麼力氣，但是可以創造出很多成果。記住，讓你的笑容釋放好意，讓它成爲你的親善大使，讓它爲自己換來更多鈔票。

07

摸清行為模式，才能和平共處

要想與上司「和平共處」，並把握住每一個晉升的機會，盲目的討好與謙和是無濟於事的，恃才傲物、頂撞上司更是不智之舉。

上班族要學會與老虎共處

與上司相處的最佳狀態，應該讓上司認為你是不可或缺的人才，在平時聽話順從，但在緊急狀況時又能發揮長才。

封建時代有句警語說：「伴君如伴虎」，意思是說，做臣子的一定要精明，在侍奉君主之時，行事必須小心翼翼，既不可以亂捋虎鬚，也不能亂拍老虎的屁股，否則就會遭到呑噬。

到了現代，這句警語仍舊適用於下屬如何與上司相處。如果我們仔細觀察一下，馬戲團中纖嬌欲滴的女馴獸師是如何將兇猛無比的老虎擺弄得服服貼貼，一定會得到許多全新的感想與領悟。

上司與下屬到底是一種什麼樣的關係？難道僅僅是一種指揮與被指揮、趾高氣揚地發號施令與唯唯諾諾地執行命令的關係嗎？

絕對不是。如果你這樣理解，那麼就永遠不可能成爲出類拔萃的上班族，日後也不可能成爲獨當一面的領導幹部。

善於服從上司，恰恰是善於駕馭上司的人。

在職場平步青雲是許多上班族追求的圓滿境界，然而不卑不亢卻是待人處事的基本原則。如果說不會巴結上司的人沒有多大前途，那麼，缺乏尊嚴和人格，更是沒有出息的人。

在處理或與上司的關係時，無論是「過剛」還是「過柔」，都是不成熟的表現，而且也是我們在實際生活中應當力求避免的弊端。

與上司相處或交往的最佳境界，毫無疑問應該是用「相得益彰」、「水乳交融」等等形容詞來表達。

必須特別指出的是，有的人以爲自己平時唯唯諾諾、唯命是從、勤拍馬屁，這

樣就會成爲上司跟前的紅人，成爲他的左右手，就會擁有比別人更多晉升的機遇。這種人當然可能獲得一時的權勢與利益，但以此作爲座右銘的人，絕對沒有成大氣候的可能。

當然，有些昏庸的領導人會認爲，不能對自己唯命是從的人絕非心腹，因而那些拍馬溜鬚的小人會得到意想不到的重用。

其實，抱持這種觀點的人只看到了職場生態的一面，而沒考慮過團體或自己的命運將會如何。

譬如，在封建時代，如果君主昏瞶，小人當道，最後必然落得國破人亡的結局，君主成了亡國之君，那幫一時得意的小人也被敵人一一處死，黃粱好夢並不長久。所以，「伴君如伴虎」的心態，絕不是與上司相處的最佳狀態。眞正的最佳狀態應該讓上司認爲你是不可或缺的人才，平時聽話順從，但在緊急狀況時又能發揮長才，幫助他渡過難關。

小心被人當成「賤骨頭」

在日常生活或工作場所，千萬不要當一個媚態十足的「賤骨頭」，否則隨時都會面臨到被拋棄的命運。

一般來說，上班族想要保住自己職位，除了做人精明之外，在上司面前應該以不卑不亢作爲準則。

過於露出「媚態」和「媚骨」往往會受人鄙視，造成不良的印象和後果。

雖然，上司有時也會對部屬的這種媚態表現出陶醉、欣慰的模樣，但稍有頭腦的上司，私底下都會認爲這種人不過是個「賤骨頭」，絕非成大事之輩。

我們經常在影視劇中可以看到這樣的鏡頭：一位官員正在爲某一件棘手的事急

得團團轉，憂心如焚地在屋裡踱來踱去，而一個不知趣的僕人或太監卻總是跟在後面，喋喋不休地說著安慰的好聽話，或是問主人需要點什麼。

主人在轉身的時候，不小心碰了跟在後面的人，於是怒火中燒，迎面給他劈個巴掌，或是一腳將他踹倒在地。

有的人或許要替這位僕人或太監感到委屈，但就現實層面而言，也正是在這種焦躁不安的情景之中，上司或領導人才會暴露出他對下屬的眞實心態。

這種心態是極其矛盾的，有時簡直可以說是難於理喻的。他平時需要下屬柔順似貓，唯唯諾諾，但在關鍵時刻，他所需要的，絕對不是這種奴性十足的部屬，而是可以幫他解決問題的人才。這時候，他就會毫不留情地將只會逢迎拍馬的部屬拋得老遠。

因此，在日常生活或工作場所，千萬不要當一個媚態十足的「賤骨頭」，否則隨時都會面臨到被拋棄的命運。

不知馬性，不要亂拍馬屁

其實，學會讚美別人、讚美上司並不是一件非常困難的事，也不一定非得虛偽不可，重點在於如何以技巧性的話語說出事實。

身為一個部屬，應付上司一定要講究方法，否則極有可能丟掉你賴以為生的飯碗。首先，你必須對上司的性格瞭如指掌，從而用相應的對策來適應他的個性和好惡，如此才能與他愉快共處。

拍馬屁的道理也是如此，倘若你尚未摸清上司的習性就亂拍馬屁，極可能發生「馬屁拍到馬腿上」的情形。

這個時候，上司如果是一匹性情暴躁的烈馬，很可能會一蹄將你踢成重傷。

人的性情千奇百怪，馬也有大異其趣的各樣性情，最常見到的是喜歡戴高帽子的「馬」。

這種上司喜愛報喜，不愛報憂，只喜歡聽好聽的話，工作場合中，只要一聽到不順意的話就會耿耿於懷，一不順心就會給屬下臉色看。

對付這種人，講話要懂得拐彎抹角，如果你不喜歡說些虛僞的言詞，但又沒有過人之處，讓他不得不遷就你的才華，那麼，你就要設法改變自己的個性，否則就只有另謀高就一途。因爲，這種上司是絕對不會提拔你的。

其實，學會讚美別人、讚美上司並不是一件非常困難的事，也不一定非得虛僞不可，重點在於如何以技巧性的話語說出事實。

應該這麼想，每個人都他的長處，也有他的短處，只需在言談過程中「隱惡揚善」，對他的優點、長處加以適度地放大、突顯，豈不是皆大歡喜嗎？

說實話必須看場合

說真話、說實話的人，往往都是不受大家歡迎的人。說實話必須看場合，人們根本不喜歡不識趣的真話，更不喜歡被觸黴頭。

人際關係大師卡耐基曾說：「一個人的成功，只有百分之二十是靠專業技能，剩下的百分之八十則是要靠靈活的交際手腕和做人處世的能力。」

在這個人際關係掛帥的社會，想要受人歡迎，就必須懂得看場合說好話，不要專說一些自以爲是的老實話。

有一戶人家經過長期奮鬥，好不容易生了一個寶貝兒子，到滿月的那一天，親戚朋友都去吃喜酒。

主人家喜孜孜地抱小孩出來給大家看，一位客人連忙誇獎說：「貴公子天庭飽滿，將來是要做大官的。」

又一位客人說：「嗯，這個孩子將來會發大財。」

還一位客人讚美小孩的面相說：「貴公子好福相，一定會長命百歲。」

總之，大家都儘量說些恭維話的吉利話。

但是，有一個自認耿直的老頭子卻相當不識趣地說：「不管怎麼說，將來有一天，這孩子一定會死的。」

主人一聽，當然氣得七竅生煙，恨不得當場剝了這個老頭的皮，客人也紛紛指責他觸人霉頭。

說眞話、說實話的人，往往都是不受大家歡迎的人。

這個老頭說的是實話，並沒有錯。他認爲人有生就必有死，任何人都不可能逃過這個自然的法則，這個孩子雖然剛剛滿月，但一樣會老，最終一定會死。

問題正在於，說實話必須看場合，人們根本不喜歡這種不識趣的眞話，更不喜歡被觸霉頭。即便是在現代，我們也會說這位老頭活該被罵，因為他不能投人之所好，避人之所諱。

所以，個性內向、木訥、耿直的人，與其專說一些「不識大體」的實話，倒不如保持沉默。

想要改變自己的缺點，平時要經常留意上司的言行舉止，當他做出值得讚美的言行時，不失時機地說一些「你這個辦法眞高明」，「你比他們強多了……」之類的話，而且說這些話時不必臉紅，因爲你說的是眞話。

上司一高興，以後你的日子就好過多了。

儘量把工作讓給上司去做

你可以儘量滿足他的胃口，他想抓什麼你就讓什麼。他還沒想到或還沒抓到手的事，你也主動讓給他，自己樂得清閒，豈不是皆大歡喜？

千萬別以為自己比別人還要認真，自己比別人還要努力，就一定可以出人頭地，許多時候，能力強的人不見得比擁有靈活交際手腕的人有成就。

要記住，上司主宰著你的職海浮沉，面對形形色色的上司，做人精明才是決定一個人能否向上攀升的關鍵。

有一種領導者，不管走到哪裡都喜歡攬權獨斷，喜歡表現自己的才華、能力，似乎不搞到讓下屬「失業」，絕不肯住手。

蒲松齡在他的代表作《聊齋誌異》中曾寫過一篇寓言故事，譏諷那些貪得無饜、慾壑難填的官吏。

一種甲蟲類的昆蟲，特喜歡背負東西，無論見到什麼東西都想往背上扛，而且越扛越多，背得路都走不動。當牠往樹上爬的時候，由於負重過多，常常從樹上重重地摔了下來。

路過的行人，有時不忍心看到牠們背負重擔的痛苦模樣，就幫牠們把背上的東西卸下來。可是，過不了多久，牠們便又貪得無饜，背得滿滿的。

蒲松齡所描寫的這種昆蟲極像那些喜歡攬權的人。這種上司的確令人討厭，也不好對付，但是，如果你想讓自己的職場生涯一帆風順，就必須認眞對待，如果你處理的方式不恰當，那麼就很有可能會阻斷自己的升遷之路。

面對這種上司，你千萬不能因爲急於表現自己的才華，而與他爭奪工作，而是儘量把工作讓給他。譬如說，你可以儘量滿足他的胃口，他想抓什麼你就讓什麼。除此以外，他還沒想到或還沒抓到手的事，你也主動讓給他，自己樂得清閒，豈不

是皆大歡喜？

如此一來，等到時間久了，他手上的工作一定會愈積愈多，以致無法順利完成。這時，不用你開口，他就會主動想要卸下包袱，要求你幫忙。

雖然，你幫他分擔任務之後，他還有可能故態復萌，但一般而言，經過幾次反覆，他的習性就會有所改變。

話說回來，如果他一直不改，這樣的領導者在任何一個地方或單位都很難立足，早晚都會被他的上司「轟」走。

愛吹牛，就讓他吹個夠

在不喪失原則和損害個人人格的情況下，你不妨採取冷眼旁觀的態度，儘量遷就對方愛吹牛的習性，愛吹就讓他吹個夠。

有些人晉升到某個位階之後，往往變得目中無人，夜郎自大，喜歡吹噓、擺架子。如果很不幸，你的上司是一隻愛吹牛的井底之蛙，你看不慣他那副虛有其表的模樣，但是爲了保護自己的職位，卻又敢怒而不敢言，這時，你就得動點腦筋。

首先，你要知道，在職場法則中，跟上司作對不是明智之舉。然而，採取「拍馬溜鬚」的做法，一味阿諛奉承，也不切實際，因爲，這還得看你的運氣如何，能不能把馬屁拍得恰到好處。

大部分人都喜歡戴高帽子，想要藉由巴結逢迎的手法討好上司，並不是十分困難的事。但是，問題的關鍵在於，現實形勢往往瞬息萬變，如果你盲目地耗費大量的精力和時間去拍上司的馬屁，就經濟效益而言，很可能並不划算。

這樣說來，身爲一個部屬豈不是就要對上司言聽計從、任人擺佈呢？

不，絕對不是。在不喪失原則和損害個人人格的情況下，你不妨採取冷眼旁觀的態度，儘量遷就對方愛吹牛的習性，愛吹就讓他吹個夠，只要在心裡同情他是個智商不足的白癡即可。

通常，遇到這種上司，辦公室內一定會有人耐不住性子，「挺身而出」譏笑，諷刺他。既然一定會有「正義人士」出面「替天行道」，你又何必跟自己過不去，硬要扮「大俠」，一劍去戳破他的肚皮呢？

還是把「壞人」的角色留給別人去扮吧！

摸清行為模式，才能和平共處

要想與上司「和平共處」，並把握住每一個晉升的機會，盲目的討好與謙和是無濟於事的，恃才傲物、頂撞上司更是不智之舉。

人性是千奇百怪、形形色色的。不管面對什麼類型的上司，我們都應當採取適當的對應措施。只要你能舉一反三，必定可以觸類旁通，具備必要的應變能力。

倘使你碰到天生脾氣暴躁，情緒容易失控的上司，首先，要自認倒楣，其次是想想看有沒有更好的應對辦法。

因爲，大凡這種人情緒都不穩定，時好時壞，時笑時怒，變化無常，或許稍不留意的一句話就會使他拍桌子掀板凳。而且，這種類型的人又往往固執頑強，基本上不容易聽進其他人的建議和意見，也不容易對自己的弱點進行反思，更不要說改變性情了。

據心理學家分析診斷，經常令下屬心驚膽跳的領導者，只不過是權力慾太盛而已，所以你只能在自我保護上下功夫。

當這種上司大發雷霆時，不要試圖解釋或打算推卸責任，而要冷靜地說：「可能是我搞錯了。」或者說：「下次一定注意這個問題。」

說完之後，盡可能快速離開辦公室，千萬不要留下來辯解或訴說自己的委屈，這樣只會越弄越糟。

儘管問題並不出在你身上，但是此時此刻，他所需要的只是情緒發洩而已。人在發洩情緒的時候，是不論誰對誰錯、誰是誰非的，你又何必去當那個倒楣鬼？

其實，要想與上司「和平共處」，並把握住每一個晉升的機會，盲目的討好和謙和是無濟於事的，恃才傲物、頂撞上司更是不智之舉。摸清上司的脾氣、性情，抓準他的行爲模式，才是我們正確經營職場人際關係的第一步。

會「聽話」的人容易成功

在日常生活中學習聽話，可以讓你擁有良好的人際關係；而在銷售商品時學習聽話，才能讓你贏得顧客的信賴。

在現實生活中，很多人不但不懂得如何「說話」，甚至也不懂得「聽話」，這是因爲，我們通常只在乎自己的表達能力，而忽略了留意聽別人說話的重要性。這個現象反應了現代人急功近利的心態，以爲只要表達得宜，就可以說服別人，完成自己的目標，卻忽略了「認眞聽話」才是最重要的一環，才是讓別人眞正接受你的一種方法。

美國汽車推銷人王喬治・吉拉德在他的推銷生涯中，總共賣出了一萬多輛的汽

車，其中更包含了一年之內賣出一千四百二十五輛的紀錄。雖然他的銷售成績十分輝煌，但這也是經過多次失敗才能夠得到的成績。

有一天，一位很有名的富豪特別來跟他買車，吉拉德非常賣力地為富豪解說車子的各種性能，原以為富豪會覺得很滿意，但是，出乎他意料之外的，富豪最後竟改變了心意，不跟他買了！

這讓一向以自己的推銷能力自豪的吉拉德非常疑惑，很想知道到底是哪裡出了問題。吉拉德思考了一整天，還是不明白自己的失誤在哪裡，於是到了半夜十二點時，終於忍不住打電話去詢問富豪，到底為什麼不買他的車。

過了一會兒，富豪才拿起電話，一聽是吉拉德，便很不耐煩地說：「你知不知道現在已經十二點了？」

吉拉德說：「很抱歉，先生。我知道現在打電話很不禮貌，但是，我真的很想知道您不跟我買車的理由！能不能請您告訴我，究竟我讓您不滿意的地方在哪裡？」

富豪沉默了一會，開口說道：「既然你想知道，那麼我就告訴你吧！你的銷售能力真的很強，但是，我不喜歡你今天下午的態度。我本來已經決定買了，可是在

簽約前，我跟你提到我兒子的事情時，你卻表現出一副蠻不在乎的態度，而且你一邊準備收我的錢，一邊聽辦公室門外另一位推銷員在講笑話，這讓我覺得很不受尊重。我就是因為你的態度，才打消了買車念頭的。」

不懂得「聽話」重要性的人，無疑是人際交往中的大傻瓜。

從事銷售工作的人都知道，說話技巧只是溝通的第一步，唯有滿足顧客的要求，才能成功地達成銷售商品的目的。但是，如何才能知道顧客的需求呢？這就得靠專注地傾聽，才能達到讓顧客滿意的效果。

「聽話」，是每個人都必須學習的功課。在日常生活中學習聽話，可以讓你擁有良好的人際關係；而在銷售商品時學習聽話，才能讓你贏得顧客的信賴。

08 要有傲骨，不要有傲氣

一直跪著走路的人，永遠都不可能成就大事業。千萬要記住人不可有傲氣，但不可無傲骨，這才是獲得升職的最佳方法。

表現才華是你的權利

應該在適當的時刻表現自己的才華和能力，千萬別為了一張薄薄的臉皮而斷送了自己高升的機會。

達爾文的進化論，被稱爲十九世紀的三大科學發現之一，對歷史的演進、各種自然科學的發展與人文科學的研究，產生了極爲深遠的影響，也可以說是少有的革命性影響。

有了進化論，關於生物進化之謎和人類終極走向的脈絡，就變得清晰可循，更加豁然開朗；有了進化論，長期困擾社會科學家的重大問題變得迎刃而解。

然而，當中外各階層人士將花環紛紛拋向達爾文的時候，誰也不曾想到，還有一位叫理查的英國生物學家，經年累月努力之餘，也繽繹出不亞於達爾文進化理論的研究成果。

達爾文在他所寫的《物種起源》自序中也坦率地說明，他之所以要加快速度寫出進化論，並盡可能快地將它付梓，一個很重要的原因就在於，理查也出人意料地得出了與他自己相似的結論。

這也就是說，理查原本應該成爲一個與達爾文並駕齊驅，與他享有同樣聲譽的生物學家。然而，事實是相當殘酷的，到目前爲止，絕大多數人都只知有達爾文，而不知有理查。

整個進化論與達爾文的名字是合二爲一的，世人並不知道還有另外一位天才生物學家也提出過進化論。

達爾文是一位具有天賦的生物學家，同時也是一位相當善於表現自己、讓世人充分瞭解自己的科學家。他的成功的秘訣就在於以最快速的方式表現自己的才華，不讓別人捷足先登。

達爾文的故事告訴我們這個道理：無論你多麼才華洋溢，你都應當讓世人瞭解你，知道你。

一方面，這是你的才華的展現，另一方面，這也是你的權利。

在我們的日常工作中，同樣要讓上司和下屬充分地瞭解你，如此才能快速出人頭地，否則你就做不成達爾文，而淪爲理查。

應該在適當的時刻表現自己的才華和能力，千萬別爲了一張薄薄的臉皮而斷送了自己高升的機會。

如何誇獎自己最恰當？

善於表現自己的人，往往能做到不留痕跡，能在不知不覺之中使人既瞭解他的才華，並且對他產生好感。

職場經常出現這樣的情況，同樣是職務相當、才能相當的兩個幹部，一個踏實肯幹，但卻從來不懂得「邀功請賞」，結果總是運勢不佳，升遷無門。

而另一個則形成鮮明對比，雖然工作不如前者踏實努力，但是卻善於與上司和下屬溝通，善於表現自己，結果往往是平步青雲，一帆風順。

適當地表現自己是十分必要的，但如何表現自己最恰當，卻是一門大學問。有的人往往會在這方面犯下一些幼稚的錯誤，造成不良的影響，以致「偷雞不成反蝕一把米」。

在工作場合，我們經常可以聽到這樣的議論：「這個人光會耍嘴皮，沒有眞才實學，才做一點小事，就四處張揚。」或者上司勸誡部下：「要踏實些，要少說多做。衆人的眼睛是雪亮的，不要怕大家不知道你的才華。」

如果上司和同事這樣評價你的話，那就說明你在「表現自己方面」打了敗仗，不但沒贏得別人的好感，反而輸得一團糟。

善於表現自己的人，往往能做到不留痕跡，能在不知不覺之中使人既瞭解他的才華，並且對他產生好感。

如果我們細心歸納總結一下，表現自己最有效的方法不外多找上司聊天、多誇獎自己的同事。

有的幹部一有機會就找上司閒談，閒談當然是什麼都談，談工作也談私事，如此一來，既可以聯絡彼此感情，更明瞭上司的想法，更可以把自己想要說的東西「夾」在裡邊兜售出去了。

爲了表現自己，讓上司知道自己做了些什麼對公司有利的事，可以不要過於強調自己，而是盡力抬高與你共同努力的同事，抬高同事就等於抬高了自己。

而且，因爲你並未曾吹噓自己，而是說你的同事或助手如何好，毫無疑問的會使上司對你增添好感。他會認爲你沒有嫉妒之心，是一個有親和力的幹部。

相反的，有一種人則不會表現自己，或者表現自己時過於露骨，張口閉口不離「我」，盡說自己如何好，別人如何壞，拼命誇獎如何精明能幹，如何技高一籌。這種表露方式很容易引起別人反感。或許在你拼命吹噓自己的時候，你的上司已經在心裡暗暗咒罵你了。

自己誇獎自己難免有「老王賣瓜」之嫌，不妨找另外一個人講你的好話，效果就遠遠比自己講要強得多。

找個朋友替自己說好話

如果你急於讓上司瞭解你，對你投以關注的眼神，不妨請一個與你關係最密切的人去替你說說好話。

有一個「火中取栗」的寓言故事相當耐人尋味。

猴子和貓在森林裡一同遊玩，可是到了晚上牠們又凍又餓，便四處找食物。找著找著，牠們發現不知哪位獵人燒了一堆篝火，而且火裡面還有幾個香噴噴的栗子。猴子想吃極了，可是又沒有辦法將栗子從火堆中取出來。於是，牠心生一計，拼命地吹捧貓如何聰明能幹，而且是世界上最仁慈厚道的動物。

猴子見貓已經被捧得如騰雲駕霧，就唆使貓用爪子從火中將栗子刨出來大家一

起分享。於是，貓就照猴子的吩咐去做。

豈知，貓掏一個出來，猴子就吃一個。貓的爪子早已被火燒得痛疼難忍，猴子卻還在旁邊使勁鼓動牠繼續掏。

這個故事告訴我們，自己礙於能力或情面做不了的事情，可以考慮讓別人來做。如果你急於讓上司瞭解你，對你投以關注的眼神，不妨請一個與你關係密切的人去替你說說好話。

透過別人美言，處理得好的話，可能寥寥數語就能發揮巨大作用。

但採取這種方式必須謹記兩點：

一是說你好話的人，必須是你的知心朋友，他必須忠實地執行你的意圖，達到你所想要達到的目的。如果你所物色的人並不知心，甚至心中還有些不良企圖，那麼你有可能會栽在他手裡。

儘管他會按照你的說法去吹捧你，但可能在言談之中暗藏殺機，讓上司知道這完全是出於你的指使。這樣一來不啻是「聰明反被聰明誤」，會讓上司對你產生極

度反感，認爲你只不過是一個工於心計的小人而已，以後你就別想吃到自己想吃的「乳酪」了。

二是，吹捧的時候必須點到爲止，不可吹捧得太過火。因爲上司不是一個白癡，如果吹捧得過於露骨，他當然會明白其中奧妙所在。

要找別人誇獎自己，關鍵在於一個「巧」字。同時，用這種方法一定要十分謹愼，千萬別讓上司知道你們是在唱雙簧。

不要讓人覺得你在利用他

職場人際關係的經營法則是：不要讓人感到有被利用的感覺，而要讓對方覺得，他是在為朋友解難分憂。

如果有人天眞地認爲，上級與下級的關係純粹，沒有功利或現實利益的因素在裡面。抱持這種想法，不是毫無社會常識，便是一個智商有問題的人，活該當一輩子卑微的上班族。

但如果將它解釋爲，這種關係就是利用和被利用的關係，又似乎言過其實。

在這個問題上，任何片面的認知和偏執的想法，都會造成不利的後果，甚至讓你碰得頭破血流。

在處理上下關係的時候，既應有理智的認識，也要盡可能處理得「圓融」些，處理得「人情化」點。

有的人平日自恃甚高，不到有事的時候，不肯輕易與上司打招呼，更不用說彼此聯絡感情了。

一旦出了紕漏，或是面臨升遷競爭，才慌慌張張忙成一團，不知如何是好，想來想去還是找上司關說去，於是只好大包小包地往上司家裡扔「炸彈」，又是說好話，又是皮笑肉不笑地陪笑臉，一副讓人討厭的虛偽模樣。

毫無疑問的，這種做法與交往方式並不得體，而且效果往往也不理想，因爲這種行徑，每一個想法與動作都在反覆向對方表示，你是迫不得已才來「利用」他的。如果是心地善良的上司，或許會體諒你的苦衷，但如果碰上「剛性」十足的上司，就極有可能「賠了夫人又折兵」。

爲什麼不把人際關係經營好，爲什麼總是「平時不燒香，臨時抱佛腳」呢？

我們不妨換一種思維方式，換一種不同的做法。

譬如說平時沒事的時候，多到上司家裡走走，說說話、談談心。在這種模式下，你並不是去求他辦什麼事，在他看來也沒有其他目的，只不過是人際的正常交往，因而他就沒有被利用的感覺，也很容易接受你的這種方式。

一旦發生了需要他照料或「關心」的事，直接去找他的時候，他會對你提的要求感到難以推卻，只得儘量想辦法替你解決。

這樣不是更有效嗎？

不管什麼類型的人際關係，經營法則是：不要讓人感到有被利用的感覺，而要讓對方覺得，他是在爲朋友解難分憂。

如此一來，你才能左右逢源，吃到更多美味可口的「乳酪」。

理解上司患得患失的心情

有時間，常常和上司聯絡感情。其實，只要理解他們的心理狀態，你就不會覺得自己是在迎逢拍馬了。

如果你想成爲一個受上司歡迎、倚重的人，想站在上司的肩膀往上爬，那麼如何獲得上司的歡心，絕對是必修的一門功課。

爲了日後揚眉吐氣，目前這個階段，你必須不惜拋棄自己一些無謂的原則，做出一些讓上司覺得窩心的舉措。

如果有人說上司也需要我們用同理心去公平對待，你一定會驚訝得張大嘴巴，認爲難道他們會覺得自己受了不平等的待遇嗎？

有時候的確如此。

上司也是人，也是芸芸眾生之中的普通一員。表面上，他們高高在上，有時更是藉著職權耀武揚威、不可一世，事實上，他們內心充滿著患得患失的焦慮，時時刻刻擔心自己的「乳酪」被人搶走。

有位心理學家曾這樣提醒我們：越是表現得盛氣凌人的人，越是在內心深處有難言之隱；越是不可一世的人，內心反而越空虛。我們不妨設身處地想一想身邊的上司們，他們一樣難逃這位心理學家所做的斷言。

上司們雖然身處高位，下屬們每天對他們畢恭畢敬，但下屬們越是如此，他們就越明白自己是因為目前的職位或權柄，才得以被人尊敬。

如果，有朝一日「改朝換代」，或者突然一陣大風吹走他們的「烏紗帽」，那麼他們就會變得一文不值，甚至成為人們訕笑的對象。

因此，上司十分需要下屬以真誠的態度尊重及關心他們，因為，他們跟我們一樣，都是有感情的普通人。

正是因爲上司太過在意自己目前的職位和權柄，所以，有很多人有意無意間受這種意識和心理的驅使，一旦手上握有權力，就變得窮凶極惡。

如果我們能理解和掌握他們這種希望被尊重、渴望被理解的心理，我們至少就掌握了一條怎樣與上司「維繫關係」的方法和門徑，從而在升遷途上少走許多不必要的彎路。

有時間，常常和上司聯絡感情。其實，只要理解他們的心理狀態，你就不會覺得自己是在迎逢拍馬了。

在適當時機使使性子

如果我們不能以人的姿態出現在上級面前，時間一久，連上司也自然而然的將你看成一匹馬或者一條狗。

無論目前的工作境遇對你來說是多麼不公平，你都沒有理由逃避、拋棄。你必須設法去改變，使自己成爲一個強者，維護和保持你作爲人的尊嚴和人格。

什麼人才是職場中的強者？

只有挺直腰桿做人的人才配得上這種稱號。

可能會有讀者要反駁：現在的上班族幾乎是聽任上司使喚，有時候甚至成了任人騎的馬、任人使喚的狗，還能如何保持自己的尊嚴和人格呢？

其實，這種想法是錯誤心態所致。每個在職場辛勤工作的人都希望獲得合理的報酬，也希望透過努力而步步高升。

一般來說，作為下屬必須保持與上司的良好關係，以及和對上司應有的服從與尊敬。可是，如果為了百分之百服從上司，而表現出唯唯諾諾、喪失自我尊嚴的態度，而不能以人的姿態出現在上級面前，時間一久，上司自然而然的將你看成一匹馬或者一條狗，對你招之即來，揮之即去。

如果你在他的面前完全喪失了自我，完全為他的威儀所消融，你已經不成為一個人所應具備的特質。

如果是這樣，你還有什麼晉升的希望呢？

如果是這樣，你還談什麼個人的前途呢？

因為你在他面前已經等於零，有你無你都一樣，提拔與不提拔你根本毫無差別。所以，在尊敬和服從上司的時候，還必須記住：在適當的時候不妨使使性子，不妨帶點「刺」。但是，選擇使性子的時機和場合一定要適當，也必須把握得恰到好處，不要出現「過」與「不及」的情形，否則的話，就會適得其反，把自己的形象弄得更糟。

譬如，你的上司決定要做一件愚不可及的事情，你就必須適時加以反對，不要一味順從他的「餿主意」。如果他是一位有點智慧的上司，那麼一旦你經過充分分析，必定可以說服他，使他明白自己的失策和認識上的偏差。

經過這一件事，他會認為你是一個有頭腦，也很有膽識的人，而非那種庸庸碌碌的等閒之輩。毫無疑問的，這對你以後的升遷將產生重大影響。

但是，如果這位上司私心較重且極要面子的人，那麼你就要三思而後行，要考慮到在正常工作以外，是否還有其他因素，然後以委婉的態度告訴他可能出現什麼不良後果。

如果他執意照原訂計劃進行，事後必定會後悔沒聽從你的建言。相對的，要是你貿然以激烈的態度加以反對，可能會激怒這頭「獅子」。或許他在口頭上贊成你的意見，或是誇獎你，但心裡卻對你恨之入骨。

要有傲骨，不要有傲氣

一直跪著走路的人，永遠都不可能成就大事業。千萬要記住人不可有傲氣，但不可無傲骨，這才是獲得升職的最佳方法。

時勢不斷在變化，人也要跟著變化而變化。想成爲卓越的成功人士，一定得跟上變化的「節拍」，順勢應變，尋找出路，一味跪著走路，只會使自己處在被動地位，最終會被時代的洪流吞沒。

若是想成就一番功業，想在變動快速的社會中站穩腳步，就得及時調整自己的思考模式與行動準則，才會有傲人的成就。這是競爭獲勝的關鍵，也同時是職場必備的生存法則。

在《雍正皇帝》這部電視連續劇中，七品小官孫嘉淦雖然對雍正皇帝忠心耿耿，但卻對他的失當之舉拼死力諫。

例如，當時山西巡撫欺上瞞下，浮誇虛報政績，甚至連皇帝也被他蒙蔽，還封他為「天下第一巡撫」。孫嘉淦精於經濟，經過他多方查證，收集了大量證據，充分證明這位貪官的罪狀。

於是，他就上奏雍正皇帝，要求處斬該巡撫，然而雍正礙於顏面，一直遲疑難決。因為他認為「天下第一巡撫」的稱號是自己封的，而現在又要處斬這位巡撫，豈不是出爾反爾。

然而，孫嘉淦卻毫不放棄，天天集衆上朝去鬧，使雍正皇帝又氣又恨，最終還是把那位巡撫給正法了。

經過這一事件，雖然雍正皇帝頗為惱恨孫嘉淦，可是時間一長，他還是覺得這樣有才能、有膽識的忠臣十分難得，因而將他連升三級，破格任用。

雍正皇帝的親信年羹堯，身為清朝征西大將軍，曾為清朝立下汗馬功勞。但是，他卻居功自傲，甚至連皇帝都不放在眼裡。雖然雍正皇帝對年羹堯的所作所為也瞭如指掌，但因為他曾立下大功，貿然剷除會授人「誅殺功臣」的話柄，故一直舉棋難定。

而孫嘉淦則多次聯合其他大臣向皇帝施加壓力，甚至以跪諫的方式，揚言如不殺年羹堯他就不起來。雍正惱怒地對他說：「你到天壇跪到天黑，老天爺要是打雷下雨，我就殺了年羹堯。」

於是，孫嘉淦就到天壇去跪，一直跪到接近傍晚時分。

說也奇怪，當天原本是烈日高照的天氣，後來卻雷電大作、風雨交加。大臣們感動得大哭起來，雍正皇帝也熱淚盈眶，還親自打上雨傘去將孫嘉淦扶回朝廷。由此，他才下決心要除掉年羹堯。

孫嘉淦並未因為對雍正皇帝忠心耿耿，而淪為一個唯唯諾諾的奴才，相反的，一直以耿直的態度勸諫雍正，他多次頂撞皇帝，並沒有影響他的升遷，反而頂撞一次，升官一次。

孫嘉淦的故事充分說明職場的升遷法則：一味地遷就和服從上司並不能使你平步青雲，反而會喪失自我，損害自己的尊嚴和價值。如此一來，不但升遷的機會減少，而且還會受到上司的唾棄。

如果你在關鍵時刻，以適當的方式據理力爭，不但使上司發覺自己的錯誤，也可使上司和同事、下屬瞭解你的才華和膽識，瞭解你的人格和品行。

當然，在邁向成功的道路上，有時必須挺直腰桿走路，有時礙於時勢必須暫時屈膝。但是，一直跪著走路的人，永遠都不可能成就大事業。千萬要記住人不可有傲氣，但不可無傲骨，這才是獲得升職的最佳方法。

誰才能給你最好的「乳酪」？

歷史上很多高士和名人，他們之所以能夠名垂青史，有一個很重要的原因在於他們都深知「乳酪」法則，知道誰才能給自己最好的「乳酪」。

要與領導者保持良好的關係，最爲關鍵的一點是要確立一種互相依賴、互相信任的良性聯繫。

這種良性聯繫應該包括以下兩方面：

第一，尋找你所欣賞的上司。

第二，上司對欣賞的下屬應該委以重任。

只有將這二者結合起來，才能具備處理好上下關係的基本條件。

有人因為擁有某些特殊專長，往往容易恃才自傲，而不能用心發現能允許自己有較大發展的上司。

在現實生活中，我們不得不承認，同樣是領導幹部，但每個人性情、喜好、價值觀念皆不同。對於同一個員工，有的上司可能說他油嘴滑舌、不學無術，但或許另一個上司會對他大加讚賞，說他機敏過人、頭腦靈活。

因此，在職場生涯想要爭取「乳酪」，不能完全處於被動狀態，在上司選擇我們的時候，我們也必須選擇上司——儘管有時候並不是那麼隨心所欲。

如果你的性格內向，不善言詞，而且在短時間內不大可能改變自己，那麼，你的上司應該是能接受你的性情，同時比較容易理解你的所作所為、所思所想這種類型。如果你是那種圓滑世故，屬於「手腳俐落，頭腦靈活」之類的人，那你在選擇上司的時候，也應堅持「求同存異」的原則。這樣一來，你就容易獲得認同，不需要花太多心思就可達到溝通的效果。

但是，任何事情都有正反兩方面，在上司與下屬的關係上也是如此。性情相同

或相近的上司與下屬在一起共事，優點在於易於溝通，產生配合默契，工作效率相對較高。但是，也有一個致命的弱點，那就是你們太瞭解彼此的性格，雙方的缺點和短處也一覽無遺，盡收眼底，相處之時必須更加小心。

不過，從整體上來看，還是性格相同或相近的上下級在一起共事較為妥當。所以，如果你發現上司在性格方面恰恰與你相反，那麼，你就應該儘量避開他而另謀高就，因為他可能無法給予你最好的「乳酪」。如果上司是性格與你大致相同的人，那你就應該感到慶幸，只要努力，就可以爭取一個皆大歡喜的結局。

歷史上很多高士和名人，他們之所以能夠名垂青史，有一個很重要的原因在於他們都深知「乳酪」法則，知道誰才能給自己最好的「乳酪」。「姜太公釣魚」就是一個典型的例子。姜子牙身懷經天緯地之術、有變通古今之才，可是到了八十歲還是沒能施展自己的才華、抱負，終日在渭水之濱垂釣，原因在於他要「釣人」，等待賞識他的伯樂到來。

後來，周文王慧眼識英雄，禮賢下士，請他輔佐西岐。至此，姜太公才獲得自己最想要的「乳酪」，於是與周文王父子一同創下霸業，名留青史。

另一個家喻戶曉的故事，是劉備三顧諸葛亮的茅廬，衍生出一段歷史佳話。劉備爲了復興漢室，三次前往諸葛亮位於隆中的住所，想請諸葛亮下山協助他完成大業，後來他三顧茅廬的誠意感動諸葛亮，諸葛亮步出茅廬輔佐劉備，成爲蜀國第一謀臣。

諸葛亮爲一代名士，感念劉備的知遇之恩，所以能爲知己者而死。

由此可知，唯有那些知人善用、禮賢下士的領導人，才能給你最好的「乳酪」，締造雙贏的局面。

09

設法滿足 別人的心理需求

滿足別人的心理需求，將會使你建立和諧的人際關係，使自己的晉升之路無限寬闊得多，因為你在滿足別人需求之後，也將獲得豐厚的回報。

替自己虛擬一個完美的形象

你絕對可以透過肢體語言修飾自己，可以通過行為塑造出自己想要的形象！只要不是存心去作姦犯科，塑造虛擬形象，其實並不是一件壞事。

想要以最快的速度在工作環境中獲得自己想要的職位和報酬，建立一個完美的形象至爲重要。

莎士比亞在《威尼斯商人》中曾經說：「世上還沒有一種方法，可以從一個人的臉上探查出他真正的居心。」

這句話無疑鼓勵我們，在這個形象決定印象的時代裡，我們有必要，也絕對可以透過刻意整飭外在的言行舉止，爲自己虛擬出一個有利的形象，讓自己贏得上司、同事和周遭人士的好感，減少人際關係上無謂的摩擦和阻礙。

心理學家指出，人與人交談過程中，無論是談論公事、私事還是談情說愛，四目不斷交會的最主要意義，在於從眼神中探索、揣測對方的心思。

因爲，人心詭譎難懂，我們往往只能根據和談話對象不經意流露的眼神和細微的行爲反應，來判斷對方的心理狀態。

觀察對方的肢體語言，揣摩對方的眞實想法，交談之時就可以選擇最適當時機，提出對自己有利的條件，或者藉機讓彼此的關係再晉升一級。

但是，有趣的是，不管是透過對方的眼神流轉或是肢體語言，其實，我們看到的都只是對方的外表，無法確切知道對方的心裡究竟打什麼如意算盤。

也就是說，當我們和別人「交手過招」，我們只能確切知道自己在想什麼，至於對方，只能憑他的一些細微表情去判斷他的意向。

儘管我們可以「斷定」對方的表情已眞實反映了他的內心世界，也可以認爲自己的「假設」非常正確，可是，眞相往往會與自己的「假設」大異其趣。

相對的，當你在公司發言報告，或是平常與朋友閒聊的時候，在場的人或許可以從你的肢體語言，隱約猜測出你的心理狀態，但是，他們絕對無法全盤瞭解隱藏在你內心深處的眞實想法。只有你才能確切知道自己心裡正在想什麼，旁人只是根據你的言談和表情加以揣摩。

想要在職場一帆風順，就必須妥善爲自己塑造出絕佳的形象。不用擔心，對別人來說，「你」這個人完全由「你表現的行爲」來代表，他們只能根據你的行爲來判斷你是哪種類型的人，而難以深入你的內心世界透徹瞭解你。

所謂「知人知面不知心」，強調的就是，在這個幾乎人人都擁有幾副假面具的時代，我們對一個人的瞭解程度，通常有如看到冰山裸露的一角那麼膚淺。

因此，你絕對可以透過肢體語言修飾自己，可以通過外在行爲塑造出自己想要的形象！這形象既可以是眞象，也可以是假象，只要不是存心去作姦犯科，塑造一個對自己有幫助的虛擬形象，其實並不是一件壞事。

懂得聽話會獲得超高評價

與上司交談過程中，不妨試著去扮演一個熱心、冷靜的觀察者，一個凝神傾聽者，這不但能使你的形象更加完美，也會使你的升遷之路更加寬廣。

想要擁有絕佳的人際關係，首先要爲自己創造一個完美的形象，讓別人對自己產生好感，「聽話」就是讓別人備感窩心的高明手腕。一個人能不能在職場生涯中左右逢源，會不會「聽話」，無疑扮演著相當重要的關鍵作用。

現實生活裡，每個人都有不爲人知的成長環境、生活背景和奮鬥歷程，而且事業有成之後，絕大多數人就開始活在回憶之中，每當回首前塵舊事之餘，就會認爲自己的人生經歷多彩多姿，無疑是一篇篇引人入勝的精采故事，急於讓周遭的人「分享」。

萬一，你不得不「分享」上司的經驗時，最好學精明點，爲了替自己在職場樹立良好的形象，首先必須學會細心聆聽他們講話，尤其是當他們對你的升遷有著關鍵性作用的時候。

聆聽上司講話的時候，即使心裡百般不願，也務必一再叮嚀自己集中注意力，全神貫注傾聽對方說話。

人通常會在聽別人講話的過程中出現精神渙散的毛病，尤其是對方的言談並不是那麼生動有趣的時候。

但是，如果你根本不注意傾聽對方說話的內容，只是一味像應聲蟲一樣茫然附和，不但容易忽略重要的細節，也極可能會讓對方留下不良印象。

你是不是常常全神貫注地聆聽上司說話？

有時候，你明明想仔細聆聽，但是注意力卻因爲心不在焉而分散，有時候是因爲對話題不感興趣，有時候則是因爲說話者的說話技巧不佳，因此談話內容成了馬耳東風。

值得注意的是，你聽話的神情態度，盡看在說話者的眼裡，如果你認眞地傾聽他說話，自然會讓他留下良好的印象，他對你的評價，無形之中也會提高許多。

由此不難得知，聽話這個行爲，對於在別人心目中建立良好的形象，有相當關鍵的影響。

人是相當主觀的動物，懂得全神貫注傾聽別人說話，才是最聰明的人。

日本心理學家多湖輝是個喜歡傾聽別人說話的人，他認爲，絕大多數的人總喜歡不停地說話，因此，凝神傾聽無疑是我們日常生活中最有利的武器。

他也時常勸誡年輕人，只要多磨練自己聆聽別人說話的能力，一定能收到許多意想不到的效果。

學會聽別人講話，是上班族重要的人生課題，也將是終身受用的「技能」。

要一個人成爲優秀的聽衆也許很難，然而，一旦能將這種寶貴的能力應用到實

際生活上，應用到爲人處世和職場互動上，就能一生受用不盡。

其實，每一個人都有值得學習的優點，有些人儘管說話之時口齒笨拙，詞不達意，但仔細觀察他的行爲舉止，有時卻可以發現其中蘊藏著豐富的內涵。

這就是爲什麼，經常觀察別人言談之時所顯示出的品味、風格，會讓人覺得趣味無窮。從這個角度而言，與上司交談過程中，不妨試著扮演一個熱心而冷靜的觀察者，一個凝神傾聽的交談對象，這不但能使你的形象更加完美，也會使你的升遷之路更加寬廣。

不要把親近當成隨便

聰明的人應該正確地衡量自己與上司的心理距離，在工作場合隨時保持謙恭的態度，這在維持人際關係方面具有重大意義。

熟諳人性心理的人，在往上爬升的過程中，往往會處心積慮地塑造謙恭的良好印象，因爲，良好的印象就是征服別人的強大力量。爲自己塑造良好形象之後，必須記得時時保持，千萬不要因爲彼此熟稔了就忘記了形象包裝。

現代人最嚴重的毛病是，一旦彼此熟絡之後，就會忽略人與人之間應有的禮儀，表現出輕率隨便的態度。

這種情況在職場中也屢見不鮮，有些人往往因爲對上司態度過於隨便而痛失眼看就要到手的職位，事後還莫名所以。

與上司親近當然是件好事，但是，如果你的態度太過親暱隨便的話，反而會使彼此之間的關係出現齟齬，唯有節制自己的言行，與上司保持恰當距離，才不至於陰溝裡翻船。

在日常生活中，人與人交往，必須互相保持適當距離，交情未到某種程度，千萬不可以隨便的態度與對方交談。

職場倫理也是如此，聰明的人應該正確地衡量自己與上司的心理距離，在工作場合隨時保持謙虛恭敬的對應態度，這在維持人際關係方面具有重大意義。

自認爲是上司的莫逆之交，或是他肚子裡的蛔蟲，在辦公室裡毫不客氣與不分尊卑的互動方法，難免使上司心生不悅或警戒！

有的人自認個性爽朗、不拘小節，但是，這種自以爲是的爽朗，往往令人困擾，甚至構成不愉快的導因。

譬如，在大庭廣衆面前對著上司大聲吆喝，或者熱情地勾肩搭背，無形之中都會使上司心生不悅。因此，將隨便的態度一廂情願地誤解爲彼此親近的表現，容易使你的升遷出現問題。

太隨便是件令人難以忍受的事情，與感情細膩的人接觸時，最好小心翼翼，如此才是上上之策。

親近與隨便完全不同，千萬要謹記在心。

即使夫妻也要「相敬如賓」，何況是一般人呢？

記住，爲了你的形象，在辦公室內不要太隨便。

設法滿足別人的心理需求

滿足別人的心理需求，將會使你建立和諧的人際關係，使自己的晉升之路無限寬闊得多，因為你在滿足別人需求之後，也將獲得豐厚的回報。

人一進入社會工作後，迎面而來的就是一場又一場的「乳酪爭奪戰」。想要打贏這些戰爭，首先必須先掌握周遭關鍵人物的心理狀態，如此才能減少不必要的障礙。

人的心性是相當複雜而又善變的，很難簡單地下結論說：「人哪，就是那麼回事！」人類內心潛藏的慾望更是五花八門，無法一一羅列。

但是，如果能夠明白人類的基本心理特徵，並不斷努力地加以滿足，對於在辦公室內建立良好的人際關係，一定會有莫大的幫助。

人往往期盼自己的想法得到他人的理解，並且獲得認同。上司也和一般人一樣，希望自己的領導模式和行事風格被人理解。

除了極少數特立獨行或玩世不恭的人之外，世界上很少人願意自己是惹人討厭的傢伙，大多數人都渴望自己受人歡迎，並且儘量避免與人發生衝突。即使是上司，也會有希望受人歡迎的傾向。

想要受人歡迎，秘訣就在於懂得誇獎別人。大多數人倘使具有某些優點，或做出自認爲了不起的事，都由衷希望獲得讚賞鼓勵，如果你懂得適時誇讚對方，當然會讓他樂不可支。

其實，每個人身上都有許多値得誇獎的地方，適時加以肯定，就可以讓彼此的關係更爲融洽。

一般而言，人都好逸惡勞，喜歡日子過得舒適輕鬆，討厭辛苦的勞累生活，因爲懶惰是人的本性。

人之所以願意勞動，當然是期待得到相對的物質報酬，或是精神上的滿足。想要在職場過得優遊自在，就必須先瞭解與你朝夕相處的上司，究竟渴望獲得哪方面的滿足，然後努力幫他達成。

如果你能夠明白他們的基本心理特徵，並設法滿足他們的心理需求，將會使你建立和諧的人際關係，使自己的晉升之路無限寬闊，因爲，你在滿足別人需求的同時，也將使自己日後獲得豐厚的回報。

如何塑造迷人的個性

樂觀積極的生活方式，可以使你的個性永遠討人喜愛；對自己充滿信心，就會有健康、充滿活力的人生觀和豐富的想像力，使你顯得迷人可愛。

如果你自認擁有滿腹經綸，工作又相當賣力，卻在現實環境裡懷才不遇，可曾仔細想過到底哪裡出了問題？

答案就是你只知道整天埋頭苦幹，卻不知道花點時間進行形象包裝，不懂得爲自己塑造迷人的個性。

迷人的個性就是充滿魅力，像磁鐵一樣吸引人的個性。但是，什麼樣的個性才會吸引人，使人樂接近呢？

所謂個性，就是一個人的心理特徵和行爲特點的總和，也就是有別於他人的性情。從一個人的衣著打扮、臉部神情、語言聲調，乃至不經意流露的的想法，都可以研判出他的個性。

一個人的個性是否令人喜歡，首先由他的品格所決定。很顯然，所謂個性，最重要的部分就是由品格所散發出的魅力，也就是外表看不見的那一部分。

另外，穿著打扮是否得體，也是個性中一個很重要的部分，因爲大多數人都是從外表來建立對一個人的第一印象。

一個人的目光神情，同樣是研判個性中的重要依據，因此人們平常都試圖透過你的眼睛來看穿你的內心，從神情窺探內心深處的思想，從肢體語言看出你最隱密的念頭。

柔和的眼神可以使對方的心情平靜穩定下來。如果你的目光讓對方覺得如同仇人般尖銳鋒利，對方當然也會馬上鞏固自己的心理防衛。

你身體的活動也是你個性中的一個重要部分，因為一個人的舉止風度大都表現在身體的活動中，即使是你握手的態度，也密切關係到是否因此而吸引或排斥與你握手的人。

樂觀積極的生活方式，可以使你的個性永遠討人喜愛，你不妨試著用這種態度來表現你的個性內容。

樂觀積極的生活方式就是——對自己的生命、生活、工作充滿濃厚的信心與興趣。對自己充滿信心，就會有健康、充滿活力的人生觀和豐富的想像力，使你顯得迷人可愛，營造出絕佳的人際關係。

不要在上司面前表現自卑

容易自卑的人不但要努力克服自卑的情緒，還要學會讓自己的言行儘量瀟灑自如，對自己的形象才會有正面的提升。

想要在現代職場中出人頭地，必須克服自己的自卑感。因爲，如果你的心理有自卑的傾向，那麼待人處事必然會變得扭扭捏捏，患得患失。

在工作環境和日常生活中，每個人都無可避免地會遭遇一些令自己感到窘迫的事情，萬一遇到這類難堪的場面，一定要告訴自己保持鎭定、冷靜，以平常心去面對，因爲，一旦你的內心產生了自卑感，就會影響你的表現，使你辛苦建立的美好形象大打折扣。

應該注意的是，不管置身在什麼環境，遭遇什麼樣的人物，都要儘量避免在言語和行爲上出現自卑。

當你感到體內有自卑的情緒作祟時，應該努力去想像自己最得意、最拿手的事，表現出落落大方的樣子。

自卑往往來自於心中的生澀、稚嫩、妄自菲薄，因而在行爲上顯現出畏縮、怯懦、卑微的模樣。

具有自卑感的人往往缺乏自信，而不時在言談間「自我貶抑」。他會說：「我個人的意見也許無足輕重，不過……」；「我相信你一定會提出更有價值的修改方案」；或者說：「這件事，我恐怕很難勝任」……等等。其實，這些都是無用的廢話，既然覺得自己的意見無足輕重，還提它幹什麼？

有自卑感的人，往往希望得到別人的誇獎、支援和安慰。有些人甚至會想辦法去獲得一些口惠不實的慰藉，否則忐忑不安的情緒就難以平靜穩定下來。

具有自卑感的人會過分有禮貌。他們常常庸人自擾，認爲自己不行或不對，言

行經常受人左右，凡事畏畏縮縮，唯恐出錯。

自卑感會讓一個人不敢提出自己的意見，即使不贊同別人的意見，表面上也會佯裝同意。在衆人面前，往往爲了順從人意而改變自己的立場。

在這個功利掛帥的社會裡，必須放聰明一點，過分的謙遜是沒有必要的，只會被人看作無能的象徵。

自卑感會讓你被人觸及隱私或者發生糗事的時候，當場面紅耳赤，不知如何因應。自卑感會使你不敢創新求變，也不敢與衆不同，凡事都要先看別人怎樣做，自己才敢跟著去做。

自卑的人不敢昂然挺立，與人對話時不敢和對方的目光相接，不論做什麼事都唯唯諾諾，缺乏應有的決斷力。

自卑的人聽到別人稱讚自己時，總會覺得難爲情，會扭扭捏捏地連聲說「沒有什麼」。充滿自卑感的人往往在事過境遷之後，才哀聲歎氣地說「先前應該這樣做」或者「應當這樣說」，並會爲此後悔懊惱不已，久久無法釋懷。

以上的幾種現象，有些是可以避免的，譬如「妄自菲薄」的廢話，卑躬屈膝的謙虛，都會讓人看出你的自卑感。

千萬要記住，別人只是看到你的外表，並不能看穿你的內心，有什麼好自卑，有什麼好害怕的呢？

容易自卑的人不但要努力克服自卑的情緒，還要學會讓自己的言行儘量瀟灑自如，對自己的形象才會有正面的提升。

凡事多往好的方面想

做人的最高技巧是「凡事多往好的方面想」，如此一來，遭遇困難的時候才能激發自己的潛力，從容加以面對。

人際關係大師卡耐基曾說：「如果你真的相信自己，並且深信自己一定能夠達成夢想，你就真的能夠步入坦途，別人也會更需要你。」

所謂的自信，就是運用非凡的想像力在腦海中描繪未來的遠景，並且腳踏實地積極推動自己的規劃，而不是光做成功夢，遇到不順利或難堪的事便產生自卑心理，變得畏縮怯懦。

引起自卑心理，或者令人暫時失去自信心的情緒，是由於我們心裡產生了「受壓抑」的感覺，這種感覺有時候也會使平常頗有自信心的人感到進退兩難，甚至大出洋相。

自己覺得「受壓抑」和「不自在」的現象在很多情況下都會發生。例如，你今天必須在公司的業務會議上提出一項新企劃，而你擔心上司或某些同事可能會反對這項企劃。

在這種情況下，如果你忐忑不安、患得患失，受到壓抑的感覺便會從心底產生，嚴重的話更會使你的「演出」失常，小則出洋相，大則慘遭失敗。

壓抑感是一種心病，必須用「心藥」來醫治。

其實，你所擔心是尚未發生的事，而且這種狀況，只是你假設「可能會發生」而已，事實未必一定如此。很可能同事們一致鼓掌通過你的企劃，上司也露出讚賞的笑容。

壓抑感很多時候只不過來自你「假設某種不利情況可能會發生」，這種假設僅僅是你的想像，其實根本並沒有往壞處想的必要。如果，你因爲這種壓抑感而深受

困擾，那就是自作自受了。

做人的最高技巧是「凡事多往好的方面想」，如此一來，遭遇困難的時候才能激發自己的潛力，從容加以面對。

凡事多往好的方面想，並不是要你像鴕鳥一樣自欺欺人，而是不要為尚未發生的事情憂心忡忡，因為那只是我們的臆測，為什麼不多往好處想想，然後信心百倍地去辦事呢？

為什麼要用悲觀的想法讓自己陷入無名的苦惱之中呢？

請記住，凡事多往好處想，無形之中就會增強自己的信心，增強自己在別人心目中的形象，這將是你成功的關鍵。

如何戰勝情緒來接受別人的話

很多時候我們所說的話會遭到惡意扭曲，或者一開始就被拒絕，令人尷尬不已。想要避免這些令人難堪的局面，平常就要預先建立好人際關係。

心理學家說，人類具有自我表現的本能需求，因此，一旦有說話的機會時，就會自發性地想說話。

說話的效果是人際關係的基礎，換句話說，說話的效果代表各式各樣的人際關係。因爲，人與人之間的遠近親疏都可以從這些「效果」中呈現出來。

相同的一句話，由喜歡的人提出或是由討厭的人提出，解讀的方式不同，結果必然完全不同。

例如，有人多次在你面前提到A先生總在背後說你壞話，如果你對A先生的印象很不錯，你也許就會回答說：「不會的，他那個人我很瞭解，他不會背後說人的壞話。」或者至多問一句：「眞的嗎？」

如果A先生是一個你很討厭的人，那麼，你的反應就截然不同了。你必定會答道：「哼，果然是他在背後說我壞話！」或者說：「我早就料到了，他就是這麼討厭的小人。」

其實，不管多麼冷靜的人，要完全戰勝自己的情緒來接受別人的話語，都是一件困難的事情。

我們提出的事情能被欣然接受，無疑是件求之不得的事，因爲，很多時候我們所說的話會遭到惡意扭曲，或者一開始就被拒絕，令人尷尬不已。

想要避免這些令人難堪的局面，平常就要預先建立好人際關係。

此外，說話的時候，自己要常先在心裡自問：「這樣說可以嗎？」

否則，對方可能會「有聽沒有懂」，甚至把你的話當耳邊風。

10

你的態度，左右你的未來

職場生涯要變成什麼模樣，自己要晉升到什麼位置，真正的掌控權其實操縱在自己的手中。千萬不要忘了，必須在腦海中提醒自己要有「進取精神」！

說話之前先動動大腦

隻言片語釀成大錯的危害性是不能輕率地加以忽視的，說話的時候，一定要隨時提醒自己務必謹言慎語，避免因一時的出錯而惹來終身的遺憾。

辦公室是個爾虞我詐的場所，說話之前一定要三思，千萬不要讓脫口而出的話語變成「有心人」攻擊自己的利器。

粗心大意的話語往往會招致想像不到的危險，殊不見，在這個光怪陸離的社會，造成人際關係失和的導火線，往往只是幾句不中聽的隻字片語。

有的人喜歡說話，但是說話之前又不肯先動動腦，往往因爲貪圖一時口快而引起不必要的困擾，事後才暗自懊悔不已。

少說話會降低出差錯的機率，不過相對的，也會失去自己受到上司肯定的機會，這無疑是兩難的抉擇。

折衷的方法是，只在必要的時刻說出必要的事情，並且以正確適當的方式表達自己的想法，這才是明智之舉。

常常在背後談論是非或說別人壞話，是相當要不得，也是相當不智的行爲。所謂「隔牆有耳」，你在背後議論別人，最終難免會傳至當事人的耳內，導致彼此心中不愉快。

尤其是在辦公室，同事之間關係極爲敏感，你所說的每一句話，有心人肯定聽得一清二楚，如果他加油添醋轉告當事者，矛盾自然就產生了。

隻言片語釀成大錯的危害性，是不能輕率地加以忽視的，說話的時候，一定要隨時提醒自己務必謹言愼語，避免因一時的出錯而惹來終身的遺憾。

如何讓恭維恰到好處

想要快速發現一個人的弱點，其實只要觀察他最喜歡的話題，因為語言是「心靈之音」，一個人講得最多的事物，一定是他心中最渴望的。

幾乎每一個人都有偏愛某種虛榮的心理，上司也不例外，當你搔到他心中的癢處，自然會使他對你產生極大的好感。

想要和上司建立融洽的從屬關係，就必須設法找出他偏愛的虛榮所在，然後加以恭維，才能獲得關愛。

恰當的讚美和恭維是人際交流中一種很有效的方法，可以用來抬高別人的自尊心，贏得別人的好感和協助，拉近彼此的心理距離。

美國總統羅斯福就是善於使用這種方法的典型人物，他對任何人都能使用恰當的讚譽，因此在從政過程中化解了不少阻力，獲得了許多助益。

林肯總統也是一個善於使用讚譽方法的人。找出一件使對方引以爲傲的事，和引起對方興趣的話題，一直是林肯的日常工作。

林肯曾經說：「一滴甜蜜糖比一斤苦膽汁所能捕獲到的蟲子要多得多。」

其實，在職場生涯中，恰到好處的稱讚無疑是讓自己快速升遷的階梯。因爲，不論地位高低，恰到好處的稱讚絕對能夠滿足一個人的成就感和虛榮心。

當然，有時胡吹亂捧的恭維也會引起反感，這是因爲沒有掌握恭維技巧的緣故。要使自己對別人的恭維達到效果，必須牢記對方的性格特點。

有的人虛榮心極強，無論在什麼場合，都巴不得別人對自己百般恭維，而且一聽到恭維的話語便得意忘形。

但是，更多的人只喜歡在個別事情上聽到恭維。有的人喜歡聽到別人恭維他的特殊才藝，有的人喜歡聽到別人讚譽他熱心公益事業，有的人喜歡聽別人稱讚他的

領導統御技巧，而有的人則特別喜歡聽到別人誇獎他的商業才華。

爲什麼會這樣呢？因爲這是他們所偏愛的某種虛榮。

吉斯斐爾勳爵曾說：「各人有各人優越的方面，至少也有他們自以為優越的方面。在自認優越的方面，他們能夠承受得住別人公正的批評，但在那些還沒有自信的方面，他們尤其喜歡別人的恭維。」

這段話明確告訴我們，開啓人們心靈的鑰匙，就是設法找出別人偏愛的虛榮所在。想要快速發現一個人的弱點，其實只要觀察他最喜歡的話題，因爲語言是「心靈之音」，一個人講得最多的事物，一定是他心中最渴望的。如果你能在這些方面恭維他，那麼你便搔著了他的癢處。

在背後讚美是最高段的恭維

有時候，當面的恭維並沒有益處，反倒是間接的頌揚能發揮強大的功效。在人的背後稱頌他，在各種恭維方法中，要算是最悅人，也最最有效的了。

活在錯綜複雜的現代社會，人很難靠單打獨鬥而成功，因此遇到可以協助自己的人，就要像遇到救生圈一樣牢牢抓住，與對方保持友好的關係，然後在適當時機取得對方援助。

想牢牢抓住對方，讓對方成爲自己的助力，最有效的辦法便是適時而又得體的稱讚，把馬屁拍到對方的心坎裡。

如何用恰當的方式恭維上司，是上班族在職場活動中必學的課程。

羅斯福總統的副官布德，曾經尖銳地批評那些喜歡恭維羅斯福的人是「瘋狂的搖尾者」。布德十分欽佩羅斯福，但他決心不做這樣的「瘋狂的搖尾者」，可是，沒有幾個人，能像他那樣深得羅斯福賞識。

實際上，偉大的人物並不喜歡整天被人恭維和讚頌，尤其是羅斯福，他看不起那些滿嘴只會說恭維話的人，他更歡迎批評他的朋友。

布德就是深知羅斯福的這種心理，採取逆向操作，而達到自己恭維的目的。

從羅斯福和布德的例子可以得知，有時候當面的恭維並沒有益處，反倒是間接的頌揚能發揮強大的功效。

捫心而問，當你知道某某人在你的背後說你好話，你會不高興嗎？

這樣的讚揚話語當面說，或許反而收不到良好的效果，因爲人很自然地會去懷疑面對面說話的人的誠意，但對於背後聽來的讚美就覺得非常順耳，因爲誰也不會懷疑讚美者的眞誠。

關於這點，吉斯斐爾勳爵解釋說：「這種馭人術，是一種最高段的技巧。在人的背後稱頌人，那聽的人因為想獻殷勤，會自動地把你的話傳述給你所讚頌的人，甚至會再加油添醋一番；在各種恭維方法中，這種方法要算是最能取悅人，也最最有效的了。」

還有一種間接的恭維方式，是借別人的話來達到你恭維人的目的。

譬如，倘若你的上司自認爲對收藏方面頗有鑑賞力，你可以當著他的面說：「某某人曾談起你對收藏方面的鑑賞力實在無人可及。」

他聽了之後，肯定會覺得高興。

這個方式，不外乎使你想要恭維的人，自以爲是別人在頌揚他那優秀的能力，而實際上是你當著他的面，把你的恭維變成爲別人的頌揚。

你的心態左右你的未來

職場生涯要變成什麼模樣，自己要晉升到什麼位置，真正的掌控權其實操縱在自己的手中。千萬不要忘了，必須在腦海中提醒自己要有「進取精神」！

想要成功，除了要知道如何把握機會之外，最重要的是無論何時何地都要有更多的慾望。只有充滿企圖心的人才會無時無刻謂自己創造機會，才會在關鍵時刻，做出最正確的選擇。

能夠在職場生涯中不斷升遷的人，大都懂得突破現狀，並且持續保有強烈的進取心，當他們面對生活或工作之時，都會以精益求精的進取態度，要求自己追求更高層次的成就。

也就是說，他們心中時時刻刻保持著想獲得更多企圖和慾望。一個人倘若安於眼前的現狀，勢必會在原地打轉，甚至被淘汰出局。

一般而言，安於現狀的人，大都欠缺乏應有活力和鬥志，給人平庸、懦弱、毫無作爲的印象。

有的人自以爲「我的能力只有這種程度」，往往只求維持現狀，他們的觀念中並沒有「維持現狀就是退步」的危機意識。因此，當他們面對層出不窮的變化，或者對手激烈競爭，就變得手忙腳亂，難以迎頭趕上。

在這個瞬息萬變的新時代，追求突破，不囿於現狀，可說是上班族必備的生存要件。因爲，倘若你不主動培養進取之心，便難以更上一層樓，隨時可能慘遭競爭洪流滅頂。

通常情況下，人們處於物質或精神上的滿足狀態時，就不自覺地變得不思長進，然後以種種藉口，把自己安於生活現狀且無意求取進步的心態，歸結爲各式各樣的理由，甚至以似是而非的理由責備他人。

其實，說這些話本身就是沒出息的表現，這些人即使沒有這些藉口，也不會主動去培養進取精神。

必須叮嚀自己，職場生涯要變成什麼模樣，自己要晉升到什麼位置，眞正的掌控權其實操縱在自己的手中。千萬不要忘了，必須在腦海中提醒自己一定要有「進取精神」！

因爲，「進取精神」是自我鞭策的原動力，它將使你在工作生活中，獲得源源不斷的機會。

吃虧是為了佔更多便宜

「吃虧得福」是種有意識的吃虧，甚至是工於心計的謀略，不像有的人亂吃虧，什麼虧都吃，事後還被人當成大傻瓜。

「吃虧得福」與「吃虧是福」雖然只有一字之差，兩者的含義卻不盡相同。

「吃虧是福」是一般人吃虧之後常有的自我安慰心理。但是，我們必須瞭解，有的人一輩子吃虧，卻從沒得到什麼實質意義的回報。當然，如果你心安理得，無所企求，堅持「吃虧是福」數十年，得到旁人口頭上的讚揚，你在心理上覺得十分滿足，這也稱得上是「吃虧是福」了。

「吃虧得福」與「吃虧是福」最大的區別是，前者是一種處世謀略，「吃虧」的唯一目的就是爲了「得福」。

如果你是一個商人，必定想致富發財；如果你是一個有進取心的薪水階級，一定想加薪升職；如果你是一個推銷員，當然想獲得優異的推銷業績；如果你是喜歡交朋結友的人，必然希望朋友尊重你、重視你，以擁有你這個朋友而自豪……

因此，當你採取「吃虧」謀略的時候，一定期望獲得相對的回報，如此才是「吃虧得福」眞正意義。

聰明的人必須深諳「吃虧得福」的道理，並且堅信日後必有豐厚的回報。

商界如此，人際交往中何嘗不是如此？

在現實生活中，儘管「吃虧得福」的例子比比皆是，但並不是人人都能「吃虧」，並獲得預期的圓滿結局。

譬如，急功近利的人就做不到，他們雖然明白這個理論，但往往「好漢不吃眼前虧」。心胸狹窄的人也難做到，因爲他們會意氣用事，心想對方欺人過甚，當場就可能毫不客氣地回敬對方。

心眼太老實人的雖然能夠吃虧，但是根本不懂得吃虧的用意，往往什麼虧都吃，成了別人眼中的大傻瓜、濫好人。

「吃虧得福」，是一種有意識的吃虧，甚至是工於心計的吃虧。

深諳「吃虧得福」之道的人還會掌握這個分寸：要讓全世界的人都知道他吃虧，倘使暗中吃虧但卻無人知曉，他們就不吃這個虧。從這點來說，「吃虧得福」其實是一門相當精妙的處世謀術。

想要實現自己的抱負或達到某種目的，就得好好物色吃虧的對象，你吃了虧，要使對方明白你有所付出，人情累積多了，他就會不得不設法回報你。

只要你的目的不奸詐、不險惡，你要求的回報不至於令對方違紀犯法，你就可以嘗試一下「吃虧得福」的滋味和收穫。

用「書櫃」來包裝你的形象

重新檢討你的辦公室有沒有「重新裝修」的必要，也許你上次未能順利晉升，就是因為少了這些關鍵性的「道具」。

一個人精不精明，有沒有能力獲得自己想要的職位，其實從辦公室的佈置就可以看出一二。

一般的辦公室，辦公桌後面通常是放置檔和書籍的牆櫃。

對有些人來說，這個牆櫃只是用來放放文件，但對懂得包裝形象的人來說，它可以是公關工具，而且是「具有攻擊性的公關工具」。

有個朋友辦公室書櫃裡的書幾乎清一色是精裝書，大多數是貿易和財經企管類

的專門書籍。書架裡也擺放了一些報政治、經濟之類的刊物。

另外，也擺放了一張一家三口的照片。

他深諳形象包裝的技術，安善地善用這個書櫃，達到公關作用。區區一張全家福照片，便已告訴了每一個人，這個辦公室的男人，是一個愛護家庭的男人。

儘管這位朋友平常其實有不少的「夜生活」，但憑在辦公室放置一張家庭照片，便可建立一個適當的形象。

那些書報雜誌選得更正確，因爲在一家公司裡，能夠在熟悉本身業務的同時，關注政治、經貿、金融等業務資訊，便給人一種「負責任」「求上進」的印象，這種人通常會被視作誠實可靠的商人。

當然，書放在那裡，總得「每本書且看五分之一」，以便萬一頂頭上司進來看見，和自己聊起來某本書時，能侃侃談上一番。

書籍、報刊的選擇也有一定的道理，堂堂一個主管的辦公室，如果放的是娛樂

方面的雜誌便不符合形象，即使你對明星生活和名人緋聞特別感興趣，也不可以讓上司知道。

在辦公室裡擺設這些「一本正經」的東西，其實是建立一個正確的形象。這些道具一擺出來，上至上司、下至部屬都看得見，眞是妙極了。

提醒你，重新檢討你的辦公室有沒有「重新裝修」的必要，也許你上次未能順利晉升，就是因爲少了這些關鍵性的「道具」。

透過應酬把人看得更透徹

商務上的交際活動，其實就是在相互觀察對方。因此，每一個上班族都應該認真看待商務活動，絕對不可以掉以輕心。

一般而言，上班族晉升到某個階層之後，就免不了要花費更多的時間、精力從事商務交際。在商務活動中，爲了獲得某種利益，有時就必須營造一種特別的人際氛圍。

有人認爲商場就是赤裸裸的金錢關係，根本就不存在人情，所謂商務交際只講「利益」，而不講「道德」。這種說法既不準確，也不全面。我們必須知道，感情聯絡仍是商業交往不可缺少的潤滑劑，誠實與信譽更是生意人的無價之寶，它能發揮事半功倍的效果，甚至能獲得金錢所不能達到的特效。

同時，你也要明白商場如戰場，因此你在商務交際中可得多留幾個心眼，不可沒有防人之心。

請認眞處好你的人際關係吧，它會給你帶來滾滾財源！

商務交際，是以另一種場合、另一種氣氛來推動商務的活動。

有些人在商務交際活動時，有著與平時截然不同的表現。例如，有的人平時沉默寡言，在商務交際活動中卻談笑風生；有的人平時道貌岸然，但在交際應酬時遇上美麗的女性，卻會說出有失身分、有損人格的話來。

參加商務交際活動對於上班族來說，是有其必要的，在應酬中可以觀察一個人，把人看得更全面。

想要觀察一個人，首先得讓他把平時在工作環境裡看不到的一面表現出來，這樣才能把你想瞭解的人看得更透徹。

有的人認爲，商務交際活動不是正式場合，可以隨意些，有時喝了一些酒，趁著酒興，言語、舉動便少了許多約束，眞實性情的一面也就不知不覺地露了出來。

如此一來，無論是生意上的合作夥伴或是競爭對手，都能把他的眞實性格情看得更清楚，對以後彼此關係的進展會有很大幫助。

兵法說「知己知彼，百戰不殆」，所謂的知，包括了對自己與對對方性格的瞭解。一個人的性格對行爲會有很大的影響力，而行爲則是決定一個人成功與失敗的關鍵所在。因此，瞭解合作夥伴或是競爭對手的性格，便可以在心裡對他做出較爲準確的推算。

商務上的交際活動，其實就是在相互觀察對方。

因此，每一個上班族都應該認眞看待商務活動，絕對不可以掉以輕心。

男人成功背後的那一隻推手

假如妻子待人親切，瞭解丈夫的工作情形，並考慮身為一個妻子應該如何協助丈夫的話，做丈夫的說不定就能在妻子的幫助下獲得成功。

從前，有一位諸侯爲了察訪民情，便喬裝和尙到民間走一走。

因爲他剃了光頭，又穿著僧衣，因此，別人都以爲他只是一個普通和尙。

當他走到一個村莊時，天色已黑了，又正下著雪，因此，他感到非常地寒冷。

後來，他好不容易找到一戶人家，便要求住宿一夜。

他敲了敲這戶人家的門，出來開門的是個少婦，她以抱歉的口吻拒絕了他的要求。她說：「我很願意讓大師在這裡休息一晚，但不巧的是，因爲我的丈夫不在家，所以，不方便讓大師留宿。」

這位少婦是個貞潔的妻子，丈夫不在家時，連僧侶也不讓他進屋。這位諸侯不得不繼續走在下雪的路上。

一會兒，少婦的丈夫回來了。少婦便將這件事告訴了丈夫，並要求丈夫讓那位和尚借住一夜。

這位少婦的丈夫是個讀書人，當時因爲沒有事做而賦閑在家，當他聽了妻子的話後，當即便同意了。這位少婦的丈夫在雪地中找到了諸侯，請他回來留宿，並且又盡己所能地招待他。

受到這對窮困夫妻招待後，這位諸侯非常感動，之後便給了這位丈夫一個好的職位及優厚的俸祿。

這就是由於妻子待人親切而使丈夫成功的例子。

妻子待人親切與否，不但能左右丈夫的人生，同時，也會影響別人對丈夫的評價。譬如，妻子待人態度和藹可親，那麼，她的丈夫的朋友就會越來越多，所獲得的助力也越來越大。

從古到今，妻子待人親切而幫助丈夫成功的例子不勝枚舉。

有人會說，待人親切並不是爲了獲得別人的回報。

當然，期待別人的回報心理不應該有的，但是，有時這種舉動確實會帶來意想不到的幸運。

每個人的待人態度都不同程度地受到家庭的影響，在一個安詳和樂的家庭裡，連孩子們通常也會自然而然地培養出一顆善良的心。

假如妻子待人親切，就能幫助丈夫，把丈夫做不到或無法顧及的事加以完成。

如果能瞭解丈夫的工作情形，並考慮身爲一個妻子應該如何協助丈夫的話，做丈夫的說不定就能在妻子的幫助下獲得成功。

成功，會使夫妻間的愛情更加甜蜜和牢固。

11 職場像戰場一樣險惡

有人說職場如戰場，這是因為在職場，人與人之間充滿著高度競爭，一不小心，人際關係就會陷入險惡的境地，像作戰一樣必須拼個你死我活。

「趁火打劫」有什麼不好？

「趁火打劫」是司空見慣的事，有時候運用得當，對方根本不會認為你是在趁火打劫，甚至還會感激你，認為你是在「雪中送炭」。

成功的時機總是一閃而逝，平時就應做好準備，只有這樣用心，當時機出現時，才能眼明手快地抓住它。

當然，許多人之所以錯失良機，並不是因爲無法判讀，而是因爲一時心軟，導致眼睜睜看著機會被別人劫走。

想要在職場比別人早一步出人頭地，有時必須運用「趁火打劫」的謀略。

一般人會對「趁火打劫」的行爲感到鄙夷與不屑，認爲這是不道德的行爲。其

實，這種觀念未免過於迂腐，如果你一味這麼認為，那就註定一輩子當個庸庸碌碌的上班族，讓別人踩著你的肩膀往上爬。

敵我交戰的時候，如果你認為趁敵人疲憊或內訌時發起攻擊，是不道德的行為，那麼，等到敵人休養整頓過後，你可能就會一敗塗地。職場就像戰場，職場生存法則也是如此。

任何的謀略都是超越舊有觀念和道德標準的。因此，趁火打劫的計策，既可以用於政治、軍事，當然也可以用於商業競爭和職場升遷。

在市場經濟運轉和人際交往的規律中，「趁火打劫」是司空見慣的事，有時候運用得當，對方根本不會認為你是在趁火打劫，甚至還會感激你，認為你是在「雪中送炭」。

「火」並不常有，有些人在「火」起之時，常常因為瞻前顧後、怯於下手而坐失良機，稍一猶豫便無利可劫。

只有目光敏銳、身手快捷的人，才能「火」起而人不亂，抓住有利機會迅速出擊，從中獲得罪豐碩的利潤。

我們在交際中也可以巧妙地「趁火打劫」的策略。譬如，某位你喜歡的對象生病或和情人吵架了，你可大膽地前去探望，送一束鮮花或邀她外出散心，使她對你產生好感，便可由此可進一步發展彼此的愛情關係。假設在平時，你恐怕就沒有這樣好的機會趁虛而入。

又如，與你心存芥蒂的上司或同事遇到麻煩，如果你想化解彼此的心結，不妨適時伸出援手幫他一把，他必定會對你心存感激，你們間的芥蒂自然會消失。

培養「順手牽羊」的能力

人生處處是驚奇，平時就要培養見微知著的洞察力和「順手牽羊」的應變能力，一旦「羊」出現的時候，就能將它辨認出來，隨即牢牢抓住。

捫心自問，你在工作上這麼汲汲營營，難道不是爲了掌握更多機會，獲得更高成就，印證自己的價值嗎？那麼，還有什麼好遲疑的呢？

想要在這個競爭激烈的時代闖出一番事業，就要努力培養「順手牽羊」的能力，千萬不要因爲外在的影響而坐失良機，要在關鍵時刻趁勢抓住機會，不要讓改變自己命運的機會溜走了。

古人說：「聚沙成塔，積腋成裘」，又說「小富在勤，大富在天」，強調要想

發財致富、成就大事，必須從小處著手，積少成多，才能夠爲自己日後開創大業積累本錢。

爲什麼成大富要依賴「天」呢？

其實，古人所謂的「天」，還包含著機會的意思，也就是說，要善於把握住致富的機會。

當今社會，競爭越來越激烈，不管從事什麼行業，光靠勤奮是不夠的，光靠財力也維持不了太長。

事業成功所需的因素相當多，機會就是其中一項重要的因素。

機會有一個最大的特徵，它是變動不羈的，而非固定不動的。所謂「機不可失，時不再來」，想要在激烈的社會競爭中獲得勝利，必須牢牢掌握住從身邊掠過的任何一個機會。

人生處處是驚奇，因此平時就要培養見微知著的洞察力，和「順手牽羊」的應變能力，一旦「羊」出現的時候，就能將它辨認出來，隨即牢牢抓住，不讓它從眼前溜走。

這個謀略，對我們爲人處事也大有裨益。譬如，如果你常常感歎自己缺少知心的朋友。那麼，你不妨問自己：「我平時是否有交朋結友的迫切願望？我是否把握住了交友的機遇？」

想要結交知心的朋友，就要先讓別人留下好感。在交往和言談中，一旦發現潛在的好朋友，就牢牢抓住不放。因爲，只有自己先擁有好人緣，朋友才可能被你吸到身邊。

職場的升遷法則也是如此，倘使你想獲得上司的器重和拔擢，平日就要注意細節，留意每個可以表現自己才華的機會，然後盡情地加以運用。

職場像戰場一樣險惡

有人說職場如戰場，這是因為在職場，人與人之間充滿著高度競爭，一不小心，人際關係就會陷入險惡的境地，像作戰一樣必須拼個你死我活。

辦公室裡的人際關係既有溫馨友善的一面，還有險惡狡詐的一面。想要排除險惡，就必須戰勝給你帶來險惡的人。

當你與對方彼此對壘，劍拔弩張的時候，不妨運用「釜底抽薪」的計策，不要急著做正面的主力攻擊，而要從幕後去下功夫，扯其後腿，拆其後台，使他在不知不覺間變成一個洩氣的皮球，如此一來，你就必勝無疑。

譬如，當你在辦公室內被流言蜚語包圍時，縱使極力辯解，也可能是在白費唇

舌。這時，你不妨先忍下胸中怒氣，暗中調查究竟是誰與你過不去，又爲什麼要造你的謠？

當你瞭解了事實眞相後，就可以找個適當的機會並用巧妙的手法，令造謠者自己說出事情的緣由。釜底抽薪之後，釜中沸沸揚揚的滾水自然會趨於平靜，關於你的謠言自然也就消失了。

有人說職場如戰場，這是因爲在職場中，每一個人都想爭奪令人垂涎欲滴的「乳酪」，人與人之間充滿著高度競爭，一不小心，人際關係就會陷入險惡的境地，像作戰一樣必須拼個你死我活。

爲人處世最難的是識人察人，當你的工作領域之中，如果有人危及你的生存安全，「釜底抽薪」不失爲一種保護自己的好辦法。

如果你的人際關係陷入緊張狀態，不妨使用這種方法，它可能是你人生的一大轉機。

如果朋友變成了敵人

在世情澆薄的商業社會，存一點防人之心，才是保護自己的最好方式。不說不該說的話，不說可能不利於自己的話。

俗話說得好：「害人之心不可有，防人之心不可無」，做人一定要精明，尤其是做一個現代上班族，在辦公室裡，絕對不能沒有防人之心，否則就會保不住自己的職位。

堡壘最容易從內部攻破，事情最容易被自己最親密的朋友破壞，如果你的朋友變成了你的仇人或敵人，他的拳頭隨時可以擊中到你的要害。

人生到處是小人。小人喜歡「暗箱」操作，不露聲色，但小人再怎麼狡猾，總

會有破綻可尋。

當你可能獲得重要地位時，別人對你總有幾分敬意，你說話時，別人會維維諾諾，但是，千萬不能就此認爲別人和你的想法是一樣的。

尤其是不該讓別人知道的事，即使關係相當友好，也絕不能透露；如果你對公司或上司的做法頗有怨氣，寧可找一個不相干的朋友去訴說，也不能吐露給「知心」的同事知道。

在世情澆薄的商業社會，存一點防人之心，才是保護自己的最好方式。當然，防人之心並不等於對所有的人一概存著猜忌、懷疑的心理。因爲信任總是相互的，你不相信別人，別人也不會相信你。

所謂的「防」，就是不說不該說的話，不說可能不利於自己的話。

不要亂戴高帽子

諂媚只能讓你獲得一時的快樂。接受諂媚、滿足虛榮之後，你往往得犧牲某方面的利益作為代價。

有一則笑話說，有個人對某位官員面說，大部分的人都喜歡被諂媚，自從他出道之後，就靠著給人戴「高帽子」而無往不利。

這位官員聽了，大不以為然地說：「我就不喜歡諂媚拍馬之徒。」

這個人聽了這話，連忙見風轉舵，附和說：「對，對，您當然與眾不同，您是濁世裡的清流，可惜的是，像你這樣剛正不阿、厭惡拍馬屁的人，普天之下能有幾個呢？」

這個官員一聽，臉上不禁露出欣然喜色，那人走出官邸時說：「我的高帽子，又送走一頂了。」

這個故事說明了，人人都知道諂媚不好，但當別人諂媚到自己頭上來時，你未必抗拒得了。

爲什麼不能接受諂媚呢？因爲，諂媚只能讓你獲得一時的快樂。諂媚者說的都是違心的話，這正是諂媚與由衷讚美的根本區別。

諂媚的人之所以說出違心的話，是因爲心中有所企求，這個要求又無法經由正常的管道獲得滿足，只好言不由衷。如果他有眞本事通過努力獲得滿足，他就用不著對任何人諂媚了。

所以，接受諂媚、滿足虛榮之後，你往往得犧牲某方面的利益作爲代價，這顯然不合算。

防小人也要防朋友

不要忘了，朋友和同事只是充滿七情六慾的凡人，也會有人性方面的弱點、人格方面的缺陷，甚至也會有醜陋的邪念。

在人際交往過程中，大部分人都有防人之心，對陌生人充滿戒備和警覺，生怕一不小心就上當受騙，對於一般的泛泛之交也是話到嘴邊留三分。

可是，人往往忽略了，能夠出賣自己，會對自己造成巨大殺傷的人，大多是自己最信賴的朋友，以及朝夕相處的同事。

因為，大多數人對推心置腹的朋友和同事，不會懷著警戒心理，聚在一起就天南地北無話不說，毫無顧忌地把自己的心思和隱私全盤揭露，一旦彼此之間發生利益衝突，或者反目成仇，你的隱私就會被攤在陽光下，成了你的致命傷。

所以，在實際生活中，我們既要防騙子、防小人、防無賴，也要防朋友、防同事，特別是自己最親密的人。

與人交往需要坦誠，尤其是對朋友、同事更需要坦誠相待，但是絕不能坦誠到讓別人一覽無遺的程度。

不要忘了，朋友和同事只是充滿七情六慾的凡人，也會有人性方面的弱點、人格方面的缺陷，甚至也會有醜陋的邪念。

赤裸裸的坦誠，會使你難以察覺他們不光明的一面，你的內心不設防的結果，有時候會招致始料未及的「禍果」。

生活畢竟是現實殘酷的，而且充滿難以預測的變數。如果你把自己最私密的事、最脆弱的部位攤在他們的眼皮底下，一旦他們變成了你的仇敵或競爭對手，那麼等待你的就是無窮無盡的痛苦，甚至給你帶來終生的災難。

社會上有太多的實例，足以讓我們省思再三。

例如，當你和你的朋友、同事之間爆發利益衝突或財務糾紛，或許你自信能坦然、客觀地面對，但是你能保證他們也會有相同的胸襟和氣度嗎？

他們不會背後詆毀你嗎？不會扯你後腿嗎？不會去想盡辦法去謀奪那些誘人的利益嗎？誰也無法拍胸脯保證他們一定會將心比心。因爲，友誼在利益面前往往會顯得如此蒼白無力。

許多殘酷的事實告訴我們，世界上沒有比自己最親密的朋友倒戈相向危害更深更大，更讓人傷心的了！因此，我們在工作場合結交朋友要相當小心謹慎，即使彼此成了好朋友，也不可毫無防人之心！

「逢人且說三分話，未可全拋一片心」，這句話雖然是老生常談，卻是人際交往中顛撲不破的一大原則。

朋友與同事之間，親密過度，就可能發生質變；過密的關係一旦破裂，裂縫就會特別深特別大，勢必會成爲冤家對頭。

別掉入挑撥離間的圈套

挑撥離間不是一種光明正大的行為，因此充滿隱匿性，試圖利用雙方的矛盾製造混亂，來達到自己渾水摸魚的目的。

每種場合都有一些小人，像揮之不去的蒼蠅，整天忙著進行損人、害人的卑劣勾當，讓人防不勝防。

小人爲了陷害別人或是爭奪利益，往往會想盡各種辦法，進行挑撥離間的伎倆，誘使別人墜入他們設好的圈套。

想要成爲一個優秀的上班族，應該隨時警惕周遭小人的挑撥離間，如此才不會使到手的「乳酪」被搶走。

離間術是小人撥弄是非、製造矛盾，破壞他人團結，試圖從中坐收漁翁之利的一種圈套。

離間術在公司中有多種表現方式，如散佈謠言，製造同事之間、上下級之間的矛盾對立，或是將誤會加以渲染、擴大別人之間的分歧，或製造矛盾……等等。

挑撥離間的方式雖然很多，但是，目的通常只有一個，那就是：損人利己。

離間術往往是自我的、本位的，把離間的目的建立在自己實際利益之上。有時是爲了滿足個人的私利，有時則爲了滿足某種不正常的心理，有時也可能是爲了某個「小圈圈」的利益……，總之，無論什麼樣的離間方法，它都建立在損人利己的原則之上。

通常，離間的目的和破壞性並不在於離間的過程，而是在離間後所出現的不良「禍果」上。

挑撥離間不是一種光明正大的行爲，因此充滿隱匿性，試圖利用雙方的矛盾製造混亂，來達到自己渾水摸魚的目的。離間者本身是在矛盾之外的，換句話說，它

是一種「暗中」進行的行爲，因而難以被雙方覺察。一旦被人識破，離間行爲就宣告結束。

離間既然是一種隱匿性很強的行爲，通常也充滿了欺騙性。

離間是在採取正當、公開的手段難以達到目的，而選擇的一種不爲人覺察的行爲，離間者本人必須在被離間者之間遊刃有餘，獲得被離間者的信任，使離間行爲「天衣無縫」。

因此，離間者往往會製造假象，欺騙被離間者，使其產生錯覺，做錯誤的判斷，形成錯誤的認知，在不知不覺中落入圈套。

「以退為進」才能海闊天空

我們都應該明白「以退為進」並不是要降低自己的人生追求目標，而是一種幫助自己攀登高峰的精妙戰術。

有一位留學美國的電腦博士，辛苦攻讀了好幾年，總算拿到了博士文憑。他想找一個與自己學位相當的工作，但卻由於經濟不景氣，每每被各大公司拒絕，以致生計問題都無法解決。

阮囊羞澀之餘，他路過每一家餐館時都要加快腳步。有一次，當他聞著飄散出的香味，摸著口袋裡僅有一角錢時，他終於明白，現在不是工作找他，而是他在找工作，並且最迫切的是找一份能養活自己的工作。想要以博士的身價來謀求工作，顯然不切實際。

他清晰意識到，博士在美國已經不再是「物以稀為貴」，很多公司甚至這樣認為博士知識雖高，但實際工作能力不行，眼高手低並且恃才傲物，不便管理使用。因此，這些公司不輕易招聘博士，寧可選擇那些文憑雖不太高，但素質不錯的求職者。

於是，這位博士收起自己曾經引以為傲的博士文憑，以最低最普通的身份去求職，很快被一家公司錄用為程式輸入員。

不多久，老闆發現這個程式師與一般人不同，他還能看出程式的錯誤。這時，這位博士拿出了他的學士證書，老闆立即給他換了個與大學畢業生相對口的工作。

又過了一段時間，老闆發現他時常還能為公司提出許多獨到而有價值的見解，程度超過一般大學生。這時，這位博士拿出了自己的碩士學位證書，很快就被老闆擢升了。

他在新的崗位上幹得仍很出色，讓老闆覺得他還是和別人不一樣，非同一般。在老闆對他的能力有了全面認識，加以器重賞識的時候，他拿出了自己的博士證書，果然很快被委以重任。

這個博士在這裡運用的就是「以退為進，步步連環」，看上去好像降低了自己，也讓別人看低了，但身處低位，易於表現才幹，被人看重，一有機會便可大放異彩，嶄露頭角。

你在工作中，日常生活中，或者是在人際交往中，是否也採取過「以退為進」的謀略呢？你採用後的效果怎樣？是令你進步了，還是倒退了？

再一次提醒你：我們都應該明白，「以退為進」並不是要降低自己的人生追求目標，你的目標仍可以定得很高，但往往不可能一步達到。

你得一步步來，就像爬高峰一樣，有時前面有陡壁峻峰，你上不去，你可能要退回來，再繞道迂迴爬上去。當你到達巔峰，一覽群山之時，你才能眞正體驗到「以退為進」戰術的精妙！

12

對付小人的最高境界

爭奪利益之時，人心往往險詐得令人不敢相信，因此對他人的動作要有冷靜客觀的分析判斷。

看穿小人的真面目

我們的生活周遭不乏一些虛僞和奸詐刁悍的小人，他們為了個人的私利，專門在人與人之間挑撥離間。

在這個人心叵測的時代，做人做事最好精明一點，面對不懷好意的對手，更要懂活用自己的腦袋，才能看穿小人的眞面目。

儘管挑撥離間是很隱匿的欺騙行爲，但也有一些方法可以識破的。防止和識破離間術，可以從以下幾個方面進行分析。

小人要想達到離間別人的目的，必須與被離間者發生互動關係。因爲沒有聯繫就無法擴大被離間者之間的誤會、矛盾，再高明的離間術也難以實施。所以，對於原本與你沒有交情卻突然表現得很熱絡的人，必須格外嚴加提防，因為他很有可能正在進行挑撥離間的勾當。

一般說來，小人都是陰險的，只會為自己的利益設想，往往是被離間者發生衝突後的最大受益者。

俗話說，「隔山觀虎鬥」，在一旁冷眼「觀鬥」的人，很有可能就是離間者，也是一場「爭鬥」的最後的勝利者，因為當「爭鬥」的雙方筋疲力盡或兩敗俱傷的時候，「鬥」觀的人只要輕輕一擊，就可以成為雙方生命的主宰。

這樣的人是最為陰險的人，所以，針對人際衝突的利弊得失進行分析，就有可以識破離間者的眞面目。

再怎麼高明絕倫的離間計，都會留下一些反常的痕跡。因此，對反常的行為認眞分析，進而逆向推演，弄清人際衝突的來龍去脈，對於防止和識破離間術會很有幫助。

總之，想要識破小人的離間術，必須對整個事件進行綜合分析，既不能盲目猜

忌，又不可掉以輕心。

當你與上司或同事發生衝突與矛盾時，一定要冷靜分析矛盾產生的原由，提防小人趁機進行分化，要以公司的整體利益爲重，採取息事寧人的態度，儘快消除彼此的矛盾和隔閡，達到新的團結。

應該說，絕大多數人是眞誠和善良的，但我們的生活周遭也不乏一些虛僞和奸詐刁悍的小人，他們爲了個人的私利，專門在人與人之間挑撥離間。這樣的小人一經發現，應該給予最嚴厲的譴責。

如何防範身邊的小人

爭奪利益之時，人心往往險詐得令人不敢相信，因此對他人的動作要有冷靜客觀的分析判斷。

世間的小人無所不在，只不過有的小人是顯性的，有的小人是隱性的。

一般而言，隱性的小人遠比顯性的小人更難提防。這是因爲，遭遇顯性的小人，我們會事事謹愼小心，深怕自己被坑被騙，但是，隱性的小人卻常常犯下「無心之過」，讓我們疏於提防之餘欲哭無淚。

小人歷來都是受人鄙棄的，因爲在一個團體裡，如果小人得勢的話，好人就會遭殃。然而，要識別一個人是不是小人，並不是易如反掌的事情。

小人往往虛情假意，處心積慮地想要欺騙別人；小人往往面善心惡，行事不露聲色，擅長僞裝。

小人會爲一己之私利，不惜損害團體的利益，但是，小人再怎麼狡猾，總會有破綻可找，總會有防範和識破之道可循。

惡人也是小人中的一種。惡人通常指那些陰險、狠毒、不擇手段去算計別人的人，這種人是小人中危害性最大的，也是最應該特別防範的一種人。

在公司中，總有一些善良的人會被毒蛇一樣的惡人欺騙、陷害。對於這種人如果不多加警惕，心慈手軟，就會遭到他們的毒手。

有的人爲人處世太不精明，明明知道自己的某一位同事是個壞人，背叛、陷害過自己，卻存著僥倖的心理，相信他能悔過自新、痛改前非，不加提防的結果，就是再一次吃虧上當。

另外，有一種人能夠認清陷害過他的惡人，拒他們於千里之外，因此不會再受傷害。但是，對於沒陷害過自己的忠人卻認識不清，儘管有人一再警告，但是因為沒有親自領教過這種惡人的狠毒，因而不加提防，直到遭遇不測，才痛心疾首，恨之入骨。

這種不見棺材不掉淚的人，只相信自己的親身體驗而不相信別人的教訓，只接受自己的經驗而不善於吸取別人的經驗，結果可想而知。

誰都曾被小人陷害過，重要的是要吸取經驗教訓，提自己的高洞察力，對於一時認識不清的人要格外防範謹慎，在相信一個自己不瞭解的人之前，一定要經過嚴格的考驗，遇事多聽別人的意見。

對付小人的最高境界

爭奪利益之時，人心往往險詐得令人不敢相信，因此對他人的動作要有冷靜客觀的分析判斷。

小人的重要特性是喜歡不勞而獲，整天絞盡腦汁想掠奪別人的成果。如果你不想讓自己受到損傷，與人互動之時必須更加用心，才能防範隱藏在四周的小人，甚至將小人玩弄於股掌之中。

能夠把惡人操縱於自己的股掌之間的人，日後才可能成爲用人的高手，管理上的精英。這樣的人善於觀察、學習，能夠認清社會上的好人與壞人。

善於掌握壞人的行爲軌跡，善於吸取前人的經驗教訓，學會掌控惡人，馴服他、操縱他和防止被他陷害的全套本領，這才是對付惡人的最高境界。

每個人身邊總會有幾個惡人，這些惡人不啻是身邊一顆顆隨時可能會爆炸的炸彈。他們總是到處鑽營使壞，他們表現善意並不是要幫助人，而是想利用別人、駕馭別人。

對於這種人，一定要讓他徹底馴服於你的權威之下。

但俗話說，明槍易躲，暗箭難防。小人的奸詐邪惡絕不會寫在臉上，所以要防範惡人，眞不是件容易的事。就是因爲難，所以更要特別注意，以下這兩種方法，或許能夠幫你提防小人。

首先是凡事「不露聲色」，也就是讓別人摸不清你的底細和行事軌跡，不隨便露出自己個性上的弱點，不輕易顯露自己的慾望和企圖，不露鋒芒，不得罪人，也不要太過坦誠。

別人摸不清你的底細和行事軌跡，自然難以輕易利用你、陷害你，因爲你讓他們沒有下手的機會。兩軍對仗，一旦虛實被窺破，就會給對方可乘之機，「防人」

也是如此。

當然，話說回來，也不要總是一副戒愼惶恐的模樣。假如爲了提防別人而把自己搞得神經兮兮，失去了朋友，那就有點草木皆兵，反而會成爲衆人排擠的目標。但無論如何，防人之心還是要有的。

其次是「洞悉人性」。兵法強調「兵不厭詐」，爭奪利益之時，人心往往險詐得令人不敢相信，因此對他人的動作要有冷靜客觀的分析判斷。

凡是不尋常的舉動，都可能包藏著不軌的意圖，把這動作和自己所處的環境一併思考，便可發現其中的奧秘，明瞭小人心中究竟打什麼算盤。

如何從小人身上獲得好處

一個想要前進的人，一定要懂得適時後退的道理，當前進受阻的時候，不如緩一緩，甚至退一步。

一旦晉升到中級幹部或單位主管時，你可能會遇到不能得罪的人，這時就必須展現自己的領導智慧。

譬如，依靠裙帶關係在公司企業中狐假虎威的人，可以說相當普遍，這是令領導者極為頭痛又無可奈何的事情。

通常，這類下屬身家背景不錯，人際關係較為廣闊，不是與最高領導階層關係甚密，便是在外擁有大企業作為靠山，或是與往來銀行關係良好。

這種人如果本身具有能力，不妨善加利用。但是，如果這類下屬相當無能，也必須交付一些較爲簡單但又較體面的工作，不可以讓他們無所事事。

在與他們交往時，不可以過於密切，以免引起其他下屬的不滿，而背上趨炎附勢的「罵名」，但是應該避免排斥或得罪他們，最好是技巧性地保持雙方不慍不火的關係。對於他們擁有的優點，你應該努力發掘和利用，切忌帶著有色眼鏡去看他們，甚至從一開始就把他們當成不學無術之徒而另眼相待，或與他們作正面抗衡。

當然，這種下屬的缺點常常是顯而易見的。

最常見的是，利用自己的家庭背景和人際關係而對上司或同事傲慢無禮，態度惡劣。但棘手的是，因爲他們的靠山很可能是你的頂頭上司，也可能是公司業務上的大客戶，所以仍然要避免得罪他們，使他們對你無計可施，然後從他們身上挖盡好處。

一個想要前進的人，一定要懂得適時後退的道理，當前進受阻的時候，不如緩一緩，甚至退一步。

退讓並不是軟弱、放棄的表現，而是爲了要向前多邁幾步。避免得罪他們，表面上是自己退了一步，但實際上是要利用了他，從他身上得到好處，這才是最高明的方式。

日本著名的製片家和田勉先生，曾經就薪水階層如何應付令人厭惡的上司，提出了一套建議。他幽默地表示：「對於令人討厭、不好應付的上司，身為部屬者不妨運用『討好』的方式，反過來利用他。一旦你施展出此種手段，則無論哪一種類型的上司，都不致於過分為難你，甚至可能把你當作知己。換句話說，對方此時已毫無抵抗力可言。待一、二年過後，該位上司終會由於人事的變動，從自己的眼前自動消失，但是你早已從對方獲得了許多好處了。」

事實上，你也同樣可以運用這種方法，去對付那些令人頭痛而又不能得罪的傢伙。不過，有一點不可忘記，「討好」不等於放縱。對於這類人，一旦他們的行爲過火或犯了差錯，不妨私下加以糾正，以保全他們的面子。

不要掉入緋聞的漩渦

辦公室裡異性之間的微妙關係，一直是流言蜚語的根源。一旦捲入了緋聞的漩渦中，那麼跳到黃河也別想洗清。

有一位經理在自己的下屬中看中了一個能幹的部門主任，相信他是一個人才，準備加以培養和提拔。

然而，這個消息一流傳開來，本來人緣甚好的部門主任卻立即遭逢責難，各式各樣的流言接踵而至。

最嚴重的是，便是關於這個部門主任和他的女助理之間有曖昧關係的緋聞，說他與女助理常常下班後相偕出遊，徹夜不歸。

種種傳聞讓經理信心動搖了。他認為無風不起浪，既然有這麼多人說這個主任

的壞話，他在操守方面肯定有問題，於是便把提拔他的計劃取消了。

一段緋聞使公司失去了一個人才，而對於這個主任來說，也失掉了一次重要的升遷機會。這個教訓說明了緋聞對公司或個人的危害性。

辦公室裡異性之間的微妙關係，一直是流言蜚語的根源。只要和異性稍微親近，就有可能被渲染成熱戀或不倫之戀，而你一旦捲入了緋聞的漩渦中，那麼跳到黃河也別想洗清。

男女之間的關係本來就比較敏感，只要一有風吹草動，當事人本身尚未理清彼此的感覺，旁觀者的敏銳嗅覺就早已發揮威力，傳聞不脛而走。所以，對於辦公室裡可能遭到渲染的緋聞，你不得不更加小心、更用心地去防範。

從傳聞的目的來說，緋聞一般分爲戲弄性的與添鹽加醋、惡意譭謗式的，對於後一種，你可就要小心提防，因爲它往往使當事人哭笑不得，絲毫沒辯白的餘地。爲了避免成爲鬧劇的主角，平日在言談舉止方面就應當特別注意。

萬一受到流言所困，最好抱著「清者自清」的態度，多做解釋反而會越陷越深，不是明智的應付之道。

如果你經常和異性下屬相處，那就更應該注意，談及生活中的各種問題時要注意分寸，因爲，緋聞往往從談論生活中的問題開始。

此外，你也要時刻提防，溫柔之水在不經意間向你湧來。你千萬要把持住自己，不接受過分的殷勤，該自己辦的事情就自己完成，不要假借女同事的手。

如果對方明顯對你表現出傾慕的言行，甚至對你出現過分親暱的動作，你就該找理由把她調離你的辦公室。

如何看得懂別人的行為語言？

人是世界上最複雜的動物，要想從外表的言行對一個人獲得真正的瞭解，是一門艱深的學問。

要瞭解一個人的脾氣和性格，應該從研究他的情緒反應著手。

要測知別人的反應，必須懂得察看反應情緒的臉部變化和身體動作——即為行為語言。注意他的一切姿勢，他的語調的改變，以及他的音調聲色的改變！注意他四肢的動作，他眼睛的神色，同時注意他的一切表情！

如果你把握住了這些線索，還是看不出對方的全部個性，那麼，還需進一步做些什麼觀察呢？你要猜度對方的心理，是什麼東西讓他覺得可怕，什麼東西使他憤

怒，什麼環境使他覺得很愉快。其次，是什麼事情會引起他的自得，什麼東西才能吸引他的全部注意力。

只要把上面這些問題試著記熟，照著去觀察對方，必然可以發現和認識得更多。假如找不到一個實驗的環境，你不妨自己創造一個新的環境，或是提幾個與實驗相關的問題。例如，讚賞他幾句，挑撥他幾句，譏笑他幾句，故意斥責他幾聲，然後觀察他的動作和面部表情如何，他情緒的泉源潛伏在何處。

隨時注意他反應出來的表情和語句，其中含有什麼樣的意向。這樣，你對他自然會有更深刻的認識。

科學的看相，自然是識人察人應當學會的重要本領，尤其是上班族在選擇「靠邊站」的時候，切不可輕視這門學問。

你對人認識得越清，就越能保證自己選擇投靠的對象會拔擢自己。

當然，人是世界上最複雜的動物，要想從外表的言行對一個人獲得眞正的瞭解，是一門艱深的學問，需要在具體操作中反覆的實驗、學習、總結。

提防小人以假亂真

有的人善於在行動上以假亂真，為了使你深信不疑，他們除了以謊言欺騙外，還會做些撲朔迷離的假動作。

法國文豪雨果在他的著作《鐵面人》中，曾經這麼譏諷地寫道：「天底下最可憐的笨蛋，是那些從來不懷疑別人可能言行不一，而對別人所說的話一味地信以為真的人。」

自古來，就有「言爲心聲」的說法，也就是說：什麼樣的人說什麼樣的話，一個人如何，可以從他的「語言」得知。

一般來說，正直的人，嘴裡說出來的話句句實在，「良藥苦口利於病」，正直的良言是忠誠人的心聲，使人能夠到達成功的彼岸。邪惡的人說話苛刻，惡語傷人，笑裡藏刀，搬弄是非。

我們通過與人說話來瞭解對方的性情，但在現實生活中，許多人心裡想什麼，行動上要幹什麼，並不表現在他的言語當中，一味聽信他的言談，就會上當受騙。

狡詐的人，所想的是一回事，所說的又是另一回事，常常以冠冕堂皇的言辭掩蓋自己卑劣的用心，以此獲得人們的支持，達到不可告人的目的。

古人曾說：「以言取人，人飾其言，以行取人，人竭其行。」

意思是說，以談話去評估一個人，人就會去裝飾自己的言談，而根據行爲去評估一個人，人就會在行動上儘量去做好。

想要評價、認識一個人，應該重在行動，而不要被他表面的誇大言談所迷惑。

歷代有識之士早已看出這一點。

他們說：「如果以言論為標準來取人用人，認為一般人所稱讚的是賢人，一般人所詆毀的是不賢的人，那麼黨羽多就會被任用，黨羽少就會被排擠。這樣奸臣勢

力就會結黨營私而埋沒賢才，忠臣無罪而被置於死地，這樣社會就會混亂，國家也就不能避免滅亡。」

要做到不以言取人，其實是很困難的事，在我們周圍輕信傳言的人大有人在。要認識一個人，就不能輕信傳言。

事實上，在我們身邊總是有許多愛說人長短的人，他們無論是講人好話還是講人壞話，都懷有特別的目的和原因，尤其是在上司面前所講的話。

我們不可能事事清楚，需要別人提供情況，但進耳之言，究竟可靠與否，還需要調查研究，否則會犯了以偏概全的錯誤。

語言往往具有很大的欺騙性，所以單憑語言來取人識人是不可行的。只有聽其言，又察其行，洞其心，才能眞正認識一個人。因爲即使對最狡詐的人，只要仔細觀察其言行，並加以分析，就會發現他的漏洞。

思想指導人的行動，心裡所想必然會在行動上體現出來。但要識人，就必須掌

握他的全部行動情況，這是以行察人的基本條件，如果僅僅依據他的一言一行而對他做出結論，必然失之偏頗。

如果瞭解他的全部行動情況，就可以對他前後的言行進行綜合分析和比較，既可以從其過去知其現在，也可以根據他現在的所作所爲預測他發展的趨勢與結果。

有的人善於在行動上以假亂眞，爲了使你深信不疑，他們除了以謊言欺騙外，還會做些撲朔迷離的假動作，以僞裝出來的「行爲」，使你不知不覺地落套就範。對於這種複雜情況，就不能只看他眼前的一面，而要通過調查研究與長期而仔細的考察，掌握他眞實的一面，進行去僞存眞的分析，認識他的本質特徵。

如何對付愛打「小報告」的部屬

愛告密的人只會討好領導者，但沒有真本事，否則他也就沒必要透過這種方式來討好領導。

一個人如果把別人的秘密告訴了你，明天，他也許就會把你的秘密告訴別人。

愛告密的人一般是深諳生存之道的，他懂得公司裡面人多事雜，大家明爭暗鬥。他更清楚，有些人「表面上一盆火，背地裡一把刀」，稍不留心，就可能遭到這些人的暗算。

愛告密的人掌握了一套應付公司內形形色色人的絕招。

這種人往往先發制人，以快打慢，以動制靜，並且還善於找後台來撐腰；這個

後台常常就是他的上司。

他懂得怎樣得到上司的重視，搜集小道消息或情報傳達給上司，讓上司能更清楚地瞭解公司內的實際情況。

但是，你要注意的是，這類下屬喜歡探聽別人的秘密，對於瞭解公司的一些情形很有幫助，但有時他也把觸角伸向自己，因此弄得不好，又會引火惹身。

再者，這類人一般而言是不擇手段的，他也不會顧及其他同事的看法，目的只是爲了取悅上司，讓上司覺得他是自己的心腹，覺得他對自己忠心耿耿。

但是，一旦上司因某一些小事和他鬧翻，他又會不顧一切地把上司的秘密也給揭露出來。因此，如果你是一個領導者，對這樣愛告密的人必須提防，不可重用，但有時可以利用。

在現實生活中，有許多領導者偏愛這一類人，並把他當做自己不可少的得力助手。這些領導者瞭解公司的情況不是靠正常的工作彙報，或親自下基層掌握第一手資料。他們是憑這些人的告密來瞭解情況的，並把這種獲知下情的方法作爲一個法寶，一條便捷之道。

殊不知，這樣一來領導者就會和其他正直的下屬們出現了隔閡和距離，正確的消息和意見得不到，得到的盡是些經過添枝加葉後的小報告。

精明能幹的領導者，是不會也不願被這種人的行爲蒙蔽的，因爲，他知道如果相信這類人，就會得罪和疏遠一大批有能力、敢講眞話的人。

因此，他可能讚許這種人幾句，甚或聽聽他的小報告，但絕不會信任和重用他。因爲這樣的人，只會討好領導者，但沒有眞本事，否則他也就沒必要透過這種方式來討好領導。

13

充滿信心才唬得了別人

唬人不過是個權宜之計，能及時充實自己才是上上之策，否則哪天被人拆穿了西洋鏡，可就糗大了。

不要切斷自己的人際關係

風趣幽默又不失莊重，是一個高明的說話大師所必須注意的態度，道貌岸然的談話模樣會惹人厭煩，而過於輕浮的談話態度同樣會讓人反感。

有時候，我們會在某些社交場合中，看到正當大家談得興高采烈的時候，有的人卻心不在焉地站在一邊，露出僵滯的笑容胡亂點頭，一副若有所思的模樣。

這種人其實正沉浸在個人的幻想世界，而不願加入眾人話局的人，其實，他們的腦海中無時無刻不在爲自己的利益打量。他們最關心的是自己的地位和前途，總是在腦海中盤算著如何才能更快速飛黃騰達，爬到更高的位置，獲得更多的財富，過更舒適奢華的生活。

這種人對別人的生活一點也不感興趣，只是礙於禮貌，虛僞地附和著別人的話語。對於周遭的事物，他們顯得冷漠淡然，彷彿置身於社會生活之外，因爲他們的心靈飄泊在某個遙遠的地方，腦海裡塞滿了自己功成名就之後的模樣。

唯一可以讓他們感興趣的，只有和他們有切身利害關係的事物。當別人談論到如何快速成功致富，他們就會馬上得興趣盎然；一聽到與自己沒有關連的事情，就顯得意興闌珊。正因爲這種人生活在自私自利、冷漠無情的自我幻想世界中，所以，總是像個戴著面具的人。

人必須敞開自己的胸懷，學會容納別人，才可能進到別人的世界，獲得別人的幫助。一個胸襟狹隘、自私自利的人，永遠都不能建立良好的人際關係。

如果你緊緊地封鎖了通往自己心靈的途徑，關閉了所有對外溝通和交流的管道，那麼，你的人際關係就會被切斷，你和別人之間的談話，就只能是漫不經心的、馬馬虎虎的和機械單調的，不會帶有任何活力或感情。

我們可以見到，幾乎所有的成功者，成功的秘訣都在於他們能夠以生動有趣的語言，有效地表達自己思想。事實上，對他們而言，表達能力就是他最大的財富，只要一開口說話，財富就會源源而來。

美國總統林肯是一位熱情而又風趣的說話大師，不管在任何人面前，他都能表現得詼諧幽默，使人如沐春風。

他說話的時候，會用生動有趣的小故事和笑話，使得人們徹底放鬆緊張的心情，所以，很多人在他面前都感到非常輕鬆自如，願意敞開心胸和他深入交談。

林肯之所以能成爲受人歡迎的說話高手，要訣在於，他懂得藉著幽默感，增強了自己談話的感染力。

但是，並不是每個人都像林肯一樣幽默風趣，如果你缺少幽默的天賦，而又刻意想製造幽默效果，往往會適得其反，有時還會讓自己像個馬戲團小丑。

一個優秀的談話高手，說話的時候不能擺出一副嚴肅的表情，或者不苟言笑，也不要老是舉一些枯燥乏味的例子或說一堆雜亂的數據，因爲，枯燥乏味的例證和

統計數據，只會令人心裡覺得沉悶和厭煩。

風趣幽默又不失莊重，是一個高明的說話大師所必須注意的態度。因爲，道貌岸然的談話模樣會惹人厭煩，而過於輕浮的談話態度同樣會讓人反感。

因此，要想成爲一個優秀的談話大師，態度必須自然而不造作，風趣而不輕浮，既不惺惺作態，也不故意賣弄自己的才華。

你必須感覺到自己充滿樂於與人交往的熱誠，找出別人感興趣的話題，如此才能打動對方的內心，牢牢地抓住他們的注意力。如果你表現出一副冷漠、拒人於千里之外的模樣，根本無法獲得別人的共鳴。

想要使交談的對象靠近你，就必須開啟自己的心靈，並且以最自然的說話方式和對方交流。你必須先敞開心扉，別人才會以相同的態度回應，如此一來，你才能進入他的內心世界。

無論你擁有多高的天賦，受過多高深的教育，穿著多麼光鮮亮麗，擁有多龐大的財產，如果無法用優美而恰當的語言來表達自己的思想，你的人生註定乏善可陳。

如何向上司表達自己的意見

上司也是人，每個人都想要對方認同自己，所以即使他做了錯誤的判斷，也要表示認同他的人格及立場。

思想家賀拉斯說：「懷著輕蔑對方的心理，就會使你的話語充滿怒氣，不僅會傷害別人，也會傷害自己。」

試想，如果說話不分對象，對待什麼人都用充滿蔑視或憤怒方式，那麼勢必會爲自己招來禍端，也無法和別人好好地溝通。

就算這樣的人有著滿腹經綸，最後也會遭到上司冷凍或是解僱，最後淪爲只會成天發牢騷的社會邊緣人。

如何對上司表達自己的意見、卻不會讓上司沒面子的方法是很重要的。

相信很多人都會有過在無意間頂撞上司，讓上司惱羞成怒的經驗。

當上司對你說：「已經好幾天了，你也該做出個結論了吧？」

如果這時你卻回答：「這怎麼可能辦得到嘛！你看一下我們目前的現狀，應該馬上就知道不可能啊。」

也許當時的你還不夠圓融，所以才會依自己的情緒、說出完全不爲對方著想的話。試想，此時的上司會有怎樣的心情呢？

部屬的口氣如此無禮，對上司而言可是一大屈辱，因此他們會運用自己職務上的權力去暗整你，甚至還會威脅你，並且可能在往後的日子裡，也會用盡各種方法來挑你毛病，對你施壓。

像這種對待上司，並不會得到自己想像中的效果，反而會激怒上司，招致和自己預期完全相反的結果。

那麼，怎麼說才能提高效果呢？

其實，上司也是人，每個人都想要對方認同自己，所以即使他做了錯誤的判斷，也要表示認同他的人格及立場，這是最基本的態度，而且要以請對方聆聽自己想法的心情來應對才是。

你可以這麼說：「聽了課長的意見，我覺得很新鮮，原來還有那種想法。可是關於那個案子，我是這麼想的……您覺得如何呢？我想聽聽課長的意見。」這樣的說話方式，就不會讓上司覺得毫無面子，而且還能使他委婉地提出不同的想法和參考意見。

如果上司不容易流於情緒化，會冷靜地聆聽他人的意見，便能反省自己的言行和決策是否有錯誤。

如果這時的你能再來尋求他的建議時，就能讓上司更明顯地察覺到自己的錯誤，並得到修正與改善。

不要吝於讚美別人

適度、真誠、委婉、合情合理的讚美是去病除疾的良藥，言過其實的讚美會令人生厭，效果適得其反。

古人說：「快刀割體傷易合，惡語傷人恨難消」，說明出言不遜的人只會自食苦果，只有處處與人爲善，嚴以責己、寬以待人，才會建立與人和睦相處的基礎。

在現實生活中，有些人不討人喜歡，四處樹立敵人。這並不是大家故意和他們過意不去，而是他們在與人相處時，總自以爲是，對他人百般挑剔，隨意指責。

如果你想成爲一個被人喜歡的人，就必須學會衷心地讚美別人。

有句話說：「人性中最根本的願望，就是希望得到讚賞。」

一個笑容可掬，擅長發掘別人優點給予讚美的人，肯定會受別人的尊敬和喜愛，這種人自然身心健康，生活、工作都十分愜意。

在日常生活中或職場上適時地讚美他人，會讓彼此的信賴關係更穩固，也會激發出工作意願。譬如女性最喜歡別人讚美她漂亮，簡單不費功夫的一句話，可是女性最棒的活力來源。

當然，如果要請別人幫你做事，讚美對方更是不二法門，即使讚美到他害羞的地步，也絕對不是壞事。

在孩子的教育上，那就更不需懷疑了。以責備方式來教導孩子，是不會有太大效果，還不如費一點心思，找出可取之處來讚美他。比起做錯事被責備，小孩子絕對會比較喜歡被讚美的。

一旦被讚美，就能增加自信心，會產生一種自己被認同的安全感。因爲自己被人信賴的喜悅，會讓你產生一股動力，因此我們應該儘量針對他的優點去讚美他。

對於攻擊性的態度，一般人都會很自然地產生敵對的心理，對於親切的態度，

他們也會產生友善的反應。如果是以施壓的態度接觸小孩，不管你說話再怎麼有趣，他們也不會聽你的。

大人其實也和小孩一樣，當你發現職場上有人拚命工作而得到優異成果時，都應該不吝嗇地讚美他。

千萬不要等他離職時，你才說他是難得的人材，或是優秀的業務精英什麼的，這樣不僅不能激勵他，也對公司毫無助益。

提到讚美，我們經常在婚禮的致詞上聽到，新郎都是優秀分子、前途無可限量，新娘都是才色兼備、勤勞持家的女性等等。雖然我們會把它當作是形式上的讚美致詞，但內心還是得十分高興。

不管如何，在儀式上我們已經習慣了允斥著瑰麗辭藻的讚賞，但在日常生活或職場上，我們都還不習慣讚美別人，因爲對於讚美都會直接聯想到，它是一種恭維或者巴結，因而產生抵抗感。

礙於保守的民族性，我們不像歐美人那樣會直率地道謝，讚美別人，反而很怕

別人認爲自己別有居心；被讚美的人就算是事實，也會在嘴上謙虛地加以否定。

讚美至少是一種友好的態度，意味著溝通的積極表現。你不妨大方地接受對方的讚美吧！若覺得懷疑，多注意就好，即使被欺騙，也不是什麼大不了的事。

積極地讚美他人吧！它可以當作加強溝通的潤滑劑。雖然有人會覺得這樣太輕浮了，但這樣才能讓地球運轉得更順暢。

在職場上也試著利用讚美的功用吧！它和獎金不同，是不需要花錢的，而且還能得到很大的效果。

讚美必須要選擇時間與場所，否則可能讓被讚美的人產生被諷刺的錯覺。別忘了，一定要採取公開的方式，暗地讚美是毫無意義的。

適度、眞誠、委婉、合情合理的讚美是去病除疾的良藥，言過其實的讚美會令人生厭，效果適得其反。

潛心去研究讚美這門學問，一定會使你的心靈充滿喜悅與幸福，讓你的工作與生活充滿陽光和希望。

充滿信心才唬得了別人

唬人不過是個權宜之計，能及時充實自己才是上上之策，否則哪天被人拆穿了西洋鏡，可就糗大了。

虛張聲勢通常是因爲充滿強烈的企圖，想獲得一些自己渴求的事物。心理學家大多同意，人絕對有可能透過說話模式，爲自己製造一個虛假的形象，達到虛張聲勢的唬人目的。

唬人之前先做好功課，其實就不算是誇大其辭，因爲當你把別人唬得一愣一愣的時候，別人反而會被你的氣勢嚇得不知所措。

所以，在氣勢上絕對不能示弱，但也不能咄咄逼人，表現出自己絕佳的自信與當仁不讓的氣度，就踏上了成功的第一道階梯。

儘管是同樣的問題和同樣的答案，只要回答者在說話的表現方法上不同的時候，就會有不一樣的結果！

在某家科技公司的面試場合裡，主管端坐桌前，應徵者排隊在門外引頸等候，等候與主管面試對談的機會，每一個問題都攸關著錄取與否，個人的臨場反應與表現都是面試的重點。

每個應徵者進入後，面試主管都會問：「你對電腦懂多少？」

只見大部分應徵者都回答說：「懂一點，我在學校學過相關課程，房間有一台電腦……還有……」

面試主管聽了，便面無表情地喊著：「下一位！」

只有一位應徵者這麼回答：「嗯，那要看是哪一種電腦了。一般的超級掌上型的單晶片時間脈衝輸出電腦比較簡單，我小學時候常常使用它的解譯編碼作業流程。至於多功能虛擬實境模擬器就複雜得多，不過，我曾經完整測試過許多靜態資料儲存單元。長大後，我對於複頻道超高頻無線多媒體接收儀器開始產生興趣，每天晚

上都會追蹤特定頻道的資料。至於傳統的電腦，我手下的一位工作夥伴，經常在我的監控之下，進行主儲存的單品體與磁化資料存取之間的信號交換。」

面試主管聽了，終於露出笑容：「下星期一開始上班。你的配車在地下二樓，附車位，這是鑰匙……」

說話之時充滿自信及適當的表現自己，都是成功的重要因素。

故事中，大部分應徵者的回答相當不得體，也突顯了自己根本不太懂電腦的弱點，只是呆呆地將自己所知道的東西說出來，完全看不出他們對這個工作有所期待，甚至看不出有任何想要爭取到這分工作的誠意。

反之，這個被錄用的人雖然與大部分人所知無異，但是從他的言行舉止上來看，可以知道他強烈的想要這分工作，也學習了不少有關的知識，因此懂得以專業用語去包裝尋常的事物。

肥缺誰都想佔，就看有沒有本事去搶得先機，短短的幾分鐘面試時間裡，唯一要說服的對象就是負責遴選人才的主考官，能夠成功地得到主考官的認同，機會就如同囊中之物了。

俄國文豪，諷刺作家契訶夫曾經這麼說過：「只要你說話有權威，即使是撒謊，人家也會信你的。」

當你滿口專業術語，別人一定不會馬上察覺你是個繡花枕頭，反而會認為你對這個行業有著相當的認知，相對地比較起來，自然比一問三不知的人來得強一些，也就奪得了部分優勢。

只是，唬人不過是個應對進退的權宜之計，就算因此得到工作的機會，更要能及時充實自己才是上上之策，否則哪天被人拆穿了西洋鏡，可就糗大了，豈止面子，連裡子都掛不住。

責備，是最愚蠢的行為

新加坡作家洪生在《人性談》裡說：「人如冬天裡的刺蝟，太過疏遠就會各自覺得寒冷，可是過於靠近又會互相刺傷。」

談到說話辦事技巧時，班傑明．富蘭克林曾在自傳中勸告世人說：「建立人際關係的第一要則，就是不要責備對方。」

美國總統林肯也曾語重心長地說：「責備與中傷是最愚蠢的行為。」他們兩人年輕時代都經常爲芝麻小事激烈指責別人，後來，也都從自己的慘痛經驗中，充分瞭解這種做法的愚昧。

有一次，林肯指責一位同僚的缺失，對方惱羞成怒，憤而向他挑戰，林肯差點就命歸黃泉。從此之後，他不再任意責備別人，即使是善意的批評，也儘量不說。

這種改變，使得他的人際關係大為好轉，廣受大眾歡迎，後來終於成為美國歷史上偉大的政治家。

新加坡作家洪生在《人性談》裡說：「人如冬天裡的刺蝟，太過疏遠就會各自覺得寒冷，可是過於靠近又會互相刺傷。」

這是因為，人與人往來密切，不免因為錯綜複雜的人際關係，造成雙方或多方、或明或暗的攻擊。

絕大多數的人都認為自己的觀點和言行才是最正確的，錯誤的是社會大眾，無論何時何地，都本能地將自己美化、正確化；即使是被公認為性情乖僻的人，也會執拗地認為「眾人皆醉，唯我獨醒」，這是人類難以改變的心理特徵。

就算是再怎麼客觀的批評或是再怎麼懇切的責備，一般人聽了，也會覺得自尊心受到傷害而難以接受。

因此，人只要一遭受批評，就立刻採取刺蝟般的防衛態度，豎起身上的每一根刺，加以反駁、反擊。

即使他表現出虛懷若谷、勇於認錯的態度，心中也許還是忿忿不平，盤算著如何伺機報復。

日本明治時代的大作家夏目漱石對於這種現象有著極爲深刻的體認，他說：「別人對你道歉，向你賠禮，如果你信以為真而原諒他，那你就是個誠實過頭的傻瓜。你必須這麼想：道歉只是表面上的道歉，原諒也是表面上的原諒。」

由此可見，率直地責備與批評別人，對自己根本沒有用處，只會使你的人際關係受到磨損。

尤其是面對性情狡詐、陰沉的人，責備與批評只會浪費自己的生命，替自己製造潛伏的危機。

交淺言深會成為你的致命傷

儘量不要與窮極無聊的長舌同事議論別人的是非，更不可盡挑些上司、同事之間的八卦新聞東談西扯，破壞了辦公室裡和諧的氣氛。

英國作家托．卡萊爾曾經這麼提醒我們：「在人與人的交往過程中，禮儀越是周到就越保險，運氣也會越好。」

謹慎而恰當地與周遭的人應對進退，正是職場應該注意的禮儀，尤其是面對異性同事，更要拿捏好應有的尺度。

和辦公室裡的異性交談，應該注意彼此性別不同，採取不同的談話方式。

同性別的同事交談，有時會隨便些，但若是和異性談話，就應特別當心。當然，要注意的是男女有別，而並非處處設防、步步爲營。

譬如，辦公新來一位女同事，女性之間就自然會問起年齡、婚姻狀況，若是男同事一開始就問這些問題，恐怕不僅是她，其他人也要懷疑這個人心術不正了。

女同事與男同事談話時，應該態度莊重、溫和大方，千萬不要言詞輕佻，搔首弄姿，爲自己帶來不必要的騷擾。

男同事在女性面前往往喜歡誇大其詞，顯示自己有多大的本事，並愛發表自以爲超人出眾的思想，目的自然是引起對方的好感。這些話語，女性都只能姑且聽之，不要過於相信。

如果對方是個長舌的傢伙，嘮嘮叨叨說個沒完，實在令妳難以忍受，那麼大可藉機打斷他的話。

同一辦公室裡，倘若對方不是交情深厚的同事，千萬不可肆無忌憚地暢所欲言。彼此關係淺薄，交情普通，你卻硬要和他深談，是件相當危險的事，有時會替自己招惹一些不必要的麻煩。

因此，在同一個辦公室內，要和周遭的同事打好關係，談話時要考慮到親疏關

係，一般程度的，大可只談天氣、政治局勢，少談自己的私事，也不要批評公司內部的重大決策；當然，這並不是要你與同事只保持表面上的客氣，平時在工作上還是應該互相幫助。

要注意的是，儘量不要與窮極無聊的長舌同事議論別人的是非，更不可盡挑些上司、同事之間的八卦新聞東談西扯，這不但影響同事間的團結，同時也破壞了辦公室裡和諧的氣氛。

如何聽出別人在想什麼？

巧妙地分析對方談話的口氣、速度、聲調，探究對方的內心正在想些什麼，這是增進人際關係的要點。

日本作家大久光曾經提出一個有趣的比喻：「協調關係是糖，對立關係是鹽。單單是糖太過甜膩，適度地加點鹽，人際關係才會變得更協調。」

在現代社會中，人際關係就猶如空氣一般，誰也脫離不開這張巨網，但是，光靠廣泛的交際，無法建立良好的人際關係，你必須用心瞭解誰才是值得你用心交往的對象，然後加糖加鹽，讓彼此的關係更緊密。

和別人交往過程中，其實僅僅從談吐、遣詞用字方面，就可以窺視對方的內心

狀況，明瞭自己應該如何應對。

因爲，談吐的方式會反映出一個人當時的心理狀態，越是深入交談，愈會暴露出他的原本面目。因此，談吐方式、遣詞用字，無疑是探知一個人眞正性格和心理狀態的重要依據。

當話題進行至核心部分時，說話的速度、口氣，就是我們探知對方深層心理意識的關鍵。當然，說話的聲調也是不可忽視的要點。

巧妙地分析對方談話的口氣、速度、聲調，探究對方的內心正在想些什麼，這是增進人際關係的要點。

不同身份的人有不同的說話語言。

有的人說話粗俗下流，有人說話謙恭有禮、有條不紊，有的人說話內容豐富眞實，當然也有人一派胡言，或內容空洞、不知所云。總之，人說話的時候，就反映出他究竟擁有什麼內涵。

高貴優雅、氣度非凡的人說話溫和流暢，表示他們常用文雅的應酬用語。然而，

這類人應分爲兩種，一種人是表裡如一，一種是口是心非。

後者很多是外表高尙而內心醜惡的人，他們不願被對方察覺自己極力掩飾著的目的，所以才使用文雅的口氣說話。

相反的，談吐粗俗的人顯得比較單純。

這種類型的人，無論對上司或部下，對同性或異性，都不改其談吐方式，喜歡就喜歡到底，討厭也討厭到最底。

此外，在初次見面的情況下，這種人的好惡表現也相當明顯，不是表現得很不耐煩，就是親熱若多年摯友。

除此之外，說話說到傷心處，往往就哭哭啼啼、一把鼻涕一把眼淚的人，說明他的依賴性非常強烈。

這種人儘管平常表現得和藹可親，善於交際奉承，但實際上非常自私、任性，大多屬於不受歡迎的角色。

好掉淚的人有一個屢試不爽的看家本領，就是以半哭半泣聲調，打動別人的惻隱之心，以達到自己的目的。這種模式是一輩子都改不了的。

不聽對方說話，只顧自己滔滔不絕、口沫橫飛的人，則屬於強硬類型，這種人只要在說話的時候，別人肯「嗯、嗯」地靜靜聽他說，就可以得到好感。這種人的最大弱點就是自尊太強，經常喜歡搶先別人一步。

有的不善言辭，說起話來支支吾吾，這一類型的人，有時是因爲缺乏表現力，無法巧妙地表達自己想要說的話，有時則是個性陰柔、思考深沉、度量狹窄。更有的是欠缺智慧，或者精神上有某種缺陷。

認清你身邊的人是君子或小人

君子不會因為一己私慾而輕易改變自己的志向；小人卻擅長見風轉舵，或是乾脆隨波逐流。

拍馬屁當然是令人不齒的行爲，但是，現實生活中卻有一些場合，讓人不得不虛情假意地拍別人的馬屁。

有個富翁在筵席上不小心放了一個響屁，當時恰好有兩位客人在旁，大夥兒都聽到了這聲響屁，不約而同露出尷尬的神色。

坐在富翁左邊的客人急忙替富翁解危，煞有其事地說：「這屁雖響，卻聞不到半點臭氣。」

「說得是！」坐在右邊的客人當然也不放過表現的機會，「不只不臭，而且還有一種奇特的香味。」

富翁聽了，非但一點也不感到欣慰，反而眉頭深鎖著說：「我曾聽人家說，如果放的屁不臭，就表示那個人的五臟俱損，離死期不遠了。這該如何是好，難道我剩沒幾天可活了嗎？」

此時，氣氛更尷尬了，除了見風轉舵還能如何？

只見左邊的客人用手在空中揮動了一下，深呼吸一口氣，說道：「喔，不是不臭，是臭味剛剛才飄過來。」

右邊的客人也急忙用手掩鼻，皺起眉頭道：「別提了，我這裡臭得我都快要不能呼吸了！」

杜斯妥也夫斯基在代表作《罪與罰》寫道：「世界上沒有比說真心話更困難的事了，但也沒有比阿諛奉承更容易的事。」

確實如此，想要拍人馬屁，就不愁找不到肉麻的言語。

不得不拍馬屁，通常是有求於人的時候，這個時候也最容易看清一個人的品格。君子不會因爲一己私慾而輕易改變自己的言行；小人卻擅長見風轉舵，或是乾脆隨波逐流。

從拍馬屁的行爲可以看出一個人是君子還是小人，事實上，現代社會生存法則未必一定要做君子，但至少應該要認清你身邊的人是不是君子，才不會被馬屁薰得暈頭轉向。

智謀經典

50

做人處處用心，做事處處留心

作　　者　公孫先生
社　　長　陳維都
藝術總監　黃聖文
編輯總監　王　凌
出 版 者　普天出版家族有限公司
新北市汐止區忠二街 6 巷 15 號
TEL / (02) 26435033 (代表號)
FAX / (02) 26486465
E-mail：asia.books@msa.hinet.net
http://www.popu.com.tw/
郵政劃撥 19091443 陳維都帳戶
總 經 銷　旭昇圖書有限公司
新北市中和區中山路二段 352 號 2F
TEL / (02) 22451480 (代表號)
FAX / (02) 22451479
E-mail：s1686688@ms31.hinet.net
法律顧問　西華律師事務所・黃憲男律師
電腦排版　巨新電腦排版有限公司
印製裝訂　久裕印刷事業有限公司
出 版 日　2022 (民 111) 年 1 月第 1 版
ISBN◉978-986-389-805-4　　條碼 9789863898054

國家圖書館出版品預行編目資料

做人處處用心，做事處處留心／
公孫先生著.—第 1 版.—：新北市,普天出版
民 111.1 面； 公分. - (智謀經典；50)
ISBN◉978-986-389-805-4 (平裝)

普天之下・盡是好書
普天出版家族
Popular Press Family
凌雲
A-Plus Creative Company
文創